O Dhammapada

O Dhammapada

Paz Interior e Meditação no Maior Clássico das Escrituras Budistas

Uma Nova Interpretação

Gil Fronsdall

Tradução:
GILSON CÉSAR CARDOSO DE SOUSA

Prefácio de
JACK KORNFIELD

Editora Pensamento
SÃO PAULO

Título do original: *The Dhammapada*.

Publicado mediante acordo com a Shambhala Publications, Inc, 300 Massachusetts Avenue, Boston, MA 02115 – USA.

1ª edição 2010.
1ª reimpressão 2014.

Coodenação editorial: Denise de C. Rocha Delela e Roseli de S. Ferraz.
Preparação de originais: Viviane Mendes.
Revisão de provas: Indiara Faria Kayo.

Dados Internacionais de Catalogação na Publicação (CIP)
(Câmara Brasileira do Livro, SP, Brasil)

Fronsdall, Gil
O Dhammapada : paz interior e meditação no maior clássico das Escrituras budistas / Gil Fronsdal ; tradução Gilson César Cardoso de Sousa ; prefácio de Jack Kornfield. - São Paulo : Pensamento, 2010.

Título original: The Dhammapada.
Bibliografia.
ISBN 978-85-315-1640-5

1. Dhammapada 2. Vida espiritual - Budismo I. Kornfield, Jack. II. Título.

10-03159 CDD-294.382

Índices para catálogo sistemático:
1. Dhammapada : Livros sagrados : Budismo 294.382

Direitos de tradução para o Brasil adquiridos com exclusividade pela
EDITORA PENSAMENTO-CULTRIX LTDA., que se reserva a
propriedade literária desta tradução.
Rua Dr. Mário Vicente, 368 – 04270-000 – São Paulo, SP
Fone: (11) 2066-9000 – Fax: (11) 2066-9008
http://www.editorapensamento.com.br
E-mail: atendimento@editorapensamento.com.br
Foi feito o depósito legal.

Esta tradução é dedicada a meus mestres

Gil Fronsdal

Melhor que recitar uma centena de estrofes vazias
É recitar um verso cheio de sentido do Dharma. (102)

Sumário

Apresentação 9
Prefácio 11
Agradecimentos 15
Introdução 17

1 Dicotomias 29
2 Vigilância 33
3 A mente 36
4 Flores 39
5 O tolo 42
6 O sábio 45
7 O *arahant* 48
8 Milhares 51
9 Mal 54
10 Violência 57

11 Velhice 60
12 A pessoa 63
13 O mundo 65
14 O Buda 68
15 Felicidade 72
16 Coisa valiosa 75
17 Cólera 78
18 Corrupção 81
19 O justo 85
20 O caminho 88
21 Miscelânea 91
22 Inferno 94
23 O elefante 97
24 Desejo 100
25 O *bhikkhu* 105
26 O *brahmin* 110

Posfácio 119
Notas 123
Bibliografia 145
Apêndice: Referências cruzadas a estrofes paralelas em outros textos budistas 147

Apresentação

Você tem em mãos o mais apreciado dos textos budistas, ao mesmo tempo poético e profundo. Os versos do *Dhammapada* resumem, em linguagem simples, os principais ensinamentos do Buda. Memorizadas e cantadas por seguidores devotos ao longo de milhares de anos, essas palavras lembram aos ouvintes as verdades universais ensinadas pelo Buda: o ódio nunca cessa pelo ódio; a virtude e a ação prudente são os alicerces da felicidade. Os ensinamentos do Buda oferecem o ensejo de uma paz duradoura e inabalável, além da libertação íntima, para aqueles que seguem o caminho do *Dharma* e renunciam aos apegos.

Esta tradução, cuidadosa e respeitosamente literal, é bela e moderna. Nela, Gil Fronsdal, conceituado mestre ocidental de meditação e estudioso budista, transmite a vida dessas palavras eternas. Os versos elegantes do *Dhammapada*, muitos deles declamados pelo Buda ao longo de anos e anos de ensino, foram reunidos por seus monges e monjas mais veneráveis para expressar sua sabedoria essencial. Com efeito, se você estivesse lá, sentado sob os ramos de uma figueira e ouvindo atentamente o Buda apontar o caminho direto para se viver uma vida compassiva, sábia e totalmente livre, sem dúvida alcançaria de imediato a iluminação.

Mas ainda não é tarde. Os ensinamentos do *Dhammapada* são tão verdadeiros agora quanto o foram ao sair dos lábios do Buda.

Uma página, mesmo um verso, pode mudar sua vida. Não leia estas palavras "por alto": absorva-as lentamente, saboreando-as. Permita que elas toquem a sabedoria mais profunda encerrada em seu coração. Aprimore seu aprendizado. Depois de descobrir a verdade, ponha-a em prática. Então, como reza o texto, faça o perfume de sua virtude se espalhar mais longe que o aroma do loendro e do jasmim, alcançando extremos aonde nem o vento consegue chegar. Que a prática liberte seu coração do medo. Que a quietude de sua mente e a visão clara da verdade o livrem da confusão e do apego.

Que estes versos possam, tanto quanto o coração liberto e compassivo ao qual se dirigem, despertá-lo. Que possam trazer-lhe a paz, a sabedoria, a alegria e o dom da sólida liberdade interior.

Abençoados sejam todos os que abrirem este livro.

Jack Kornfield

Prefácio

O *Dhammapada* foi apresentado pela primeira vez ao mundo moderno não budista na segunda metade do século XIX. Logo passou a ser reconhecido como um grande clássico religioso, que trazia uma consistente mensagem de autoconfiança, autodomínio e libertação pessoais.

Como existem hoje em inglês mais de cinquenta traduções do *Dhammapada*, quero explicar brevemente por que achei oportuna uma tradução nova e dizer algumas palavras sobre os princípios e as perspectivas que a nortearam.

Uma das traduções mais influentes em inglês é a do historiador de religiões F. Max Müller, publicada pela primeira vez em 1870. Muitas das "traduções" que se lhe seguiram são meras adaptações do trabalho de Müller, não raro por pessoas que desconheciam o páli. Algumas são belas, até mesmo inspiradoras, mas não acuradas. Ao mesmo tempo, a linguagem das mais fiéis é, às vezes, canhestra e opaca. Não bastasse isso, o axioma segundo o qual a tradução espelha o ponto de vista do tradutor se aplica à maioria delas. Conceitos hindus afloram nas traduções inglesas feitas na Índia; as concepções do Theravada moldaram as realizadas no Sri Lanka, na Birmânia e na Tailândia; e, no Ocidente, refletem com frequência a postura ocidental, além de nossas preferências e interpretações do budismo.

O tradutor muitas vezes deve buscar o ponto de equilíbrio entre uma linguagem literal, mas confusa, e um estilo elegante, mas impreciso. Tentei ser o mais literal possível, mantendo, porém, o texto legível e agradável. Aliás, ninguém conseguiria fazer uma tradução absolutamente literal, inteiramente livre de influências, de um texto oriundo de uma cultura remota e escrito num idioma muito diferente. Como professor ocidental de budismo, sei bem que este foi adaptado e reinterpretado no Ocidente. Não creio que haja nada de visceralmente impróprio nessa tendência; ela mostra, ao contrário, que o budismo conseguiu se adaptar aos tempos e às culturas. Entretanto, acredito na importância de tomar consciência do modo como alteramos o budismo, responsabilizando-nos por essa atitude. E, para tanto, precisamos saber em relação a quê o estamos alterando.

Neste trabalho tentei, na medida do possível, deixar de lado minhas interpretações e preferências em favor da exatidão. Na busca da fidelidade, procuro entender o budismo antigo em seus próprios termos a fim de melhor avaliar nossas versões modernas dessa doutrina. Depois de cerca de trinta anos de prática, continuo inspirado pelos ensinamentos do Buda e tento aperfeiçoar minha compreensão daquilo que ele ensinou remontando ao texto original e passando-o para o inglês moderno.

Embora não tenha conseguido reproduzir a melodia e a beleza de muitos dos versos páli, espero que os leitores captem um pouco da poeticidade do texto original.

Minhas traduções de algumas palavras páli talvez sejam controversas. Expliquei certas escolhas vocabulares em notas, para ajudar o leitor a compreender melhor o sentido do original. Provavelmente, uma das escolhas mais polêmicas será a tradução de *dhamma* como "experiência" nos dois versos iniciais; outra, a de *samsāra* como "viagem".

Uma das palavras mais difíceis de traduzir é o próprio título, composto dos termos *dhamma* e *pada*, uma vez que cada um dos quais tem inúmeras acepções. *Dhamma* pode significar, entre outras coisas, ensinamento religioso, verdade religiosa, justiça e virtude. *Pada* quer dizer "pé" e, por extensão, pegada, rastro, caminho, lugar e estado mental. Como em várias línguas ocidentais, em que "pé" às vezes se refere à unidade do verso, *pada* significa também um verso e, por extensão, um dito. Além de ser o título da coletânea, a expressão *Dhammapada* ocorre três vezes nos versos. Em duas ocasiões eu a traduzi por "ensinamento *Dharma*" (versos 44-45), e na terceira por "linha do *Dharma*" (verso 102). O equivalente sânscrito "*Dharma*" é usado porque foi nessa forma que o termo passou a integrar o léxico do mundo – ver, por exemplo, o *Merriam-Webster's Collegiate Dictionary* (10ª edição) – e porque, deixado sem tradução, retém os múltiplos significados do original. Se traduzíssemos o título do modo como o termo *dhammapada* é empregado nos versos, teríamos provavelmente "Ditos do *Dharma*", "Versos do *Dharma*" ou "Ensinamentos do *Dharma*". No entanto, se tomássemos *pada* por "caminho", como no verso 21 (em que *amatapada* aparece como "o caminho dos Imortais"), o título poderia ser "O Caminho do *Dharma*". Mas em última análise, como concordam muitos tradutores, melhor será não traduzir de modo algum o título.

Um desvio de minhas tentativas de ser sempre literal será notado em alguns versos nos quais usei o pronome plural para tornar o texto um pouco mais neutro, em termos de gênero, que o original. Pelo mesmo motivo, usei pronomes masculinos e femininos um tanto aleatoriamente. Se tivesse sido inteiramente fiel ao original, todos os pronomes pessoais seriam masculinos.

É convenção numerar os versos sequencialmente. Coloquei o número entre parênteses depois de cada verso, com duas exceções. Alguns versos emparelhados são numerados conjuntamente. Por exemplo, para os versos um e dois, a numeração de ambos aparece depois do segundo. A outra exceção é quando combinei dois ou mais versos estreitamente correlacionados. Nesses casos, o número vem no fim do verso conjunto. Procurei evitar sempre a quebra de versos entre estrofes.

Toda tradução reflete necessariamente as preocupações, a formação e a compreensão do tradutor. Tenho sido budista praticante há trinta anos, muitos dos quais passei em mosteiros da América, do Japão e do Sudeste asiático. Ensino segundo a tradição Soto Zen e Theravada. Obtive doutorado em estudos budistas pela Universidade de Stanford, com uma tese sobre o antigo ideal indiano do Bodhisattva. A presente tradução reflete, pois, três perspectivas: a do praticante, que busca no *Dhammapada* uma compreensão mais profunda de sua própria prática budista; a do professor de budismo, que encontra no *Dhammapada* as palavras estimulantes dos mestres antigos e um manual útil para o ensino; e, finalmente, a do estudioso, que reconhece as complexidades da tradução e as dificuldades de entender textos de outros tempos e culturas.

Agradecimentos

No prefácio à edição de 1898 de sua tradução inglesa do *Dhammapada*, Max Müller explica que seu trabalho muito deveu à obra pioneira do estudioso holandês Victor Fausböll, que em 1855 publicara a primeira tradução em idioma ocidental (latim!). Müller escreve:

> Há, entre um erudito como Fausböll e os estudiosos comuns capazes de ler o que foi lido e traduzido antes, mais ou menos a mesma diferença existente entre um Stanley que explora as regiões sombrias da África e um turista que agora vai ao Egito guiado pelos Messrs. Cook & Co.
> — *The Dhammapada, Sacred Books of the East*, vol. 10, parte I, 1924, p. XII.

Max Müller e muitos outros eruditos modernos lançaram os alicerces que me permitiram traduzir o *Dhammapada*. Estenderia Müller sua analogia àqueles de nós que trabalhamos mais de cem anos depois dele? Reluto em pensar nisso.

As traduções e os estudos que julguei mais úteis aparecem na bibliografia. Sou grato a seus autores e sugiro aos interessados em aprofundar o estudo do *Dhammapada* que recorram às suas obras.

Em particular, gostaria de agradecer às pessoas que leram os rascunhos e ofereceram sugestões ao longo do processo de tradução. Thanissaro Bhikkhu e o professor Jan Nattier me prestaram inestimável assistência, ajudando-me a entender o original páli e a tornar o texto mais legível. Sou muito grato a Nancy Van House, Andrea Fella e Barbara Gates, que revisaram cuidadosamente a tradução e a introdução. Angie Boisevain, Ronna Kabatznik e Peter Dale Scott também tiveram a generosidade de ler o trabalho e fazer sugestões. O professor John Strong fez igualmente boas sugestões para a introdução.

Estendo meus agradecimentos a Peter Turner, Tom Bonoma, Emily Bower e Karen Ready, da Shambhala Publications, por seu interesse no projeto e apoio para que fosse levado a termo.

Consigno qualquer mérito que possa ter este livro a todos os meus mestres. Que sejam felizes.

Introdução

O Buda ensinou o caminho da libertação. Entender seus ensinamentos é entender como palmilhar esse caminho. Embora o descrevesse como uma senda antiga, escondida e esquecida até que ele a redescobrisse, essa senda continua tão relevante hoje quanto no seu tempo, há 25 séculos.

De longe, o texto mais popular que nos ensina a percorrer esse caminho é o *Dhammapada*, coletânea de versos do período primitivo do budismo na Índia. Conheci esse texto sagrado quando meu primeiro mestre Zen me deu um exemplar. Nos 25 anos seguintes, li e reli o *Dhammapada* várias vezes. Acho seus ensinamentos diretos, sábios e inspiradores. Considero os versos, que enfatizam a possibilidade de paz e liberdade, impressionantemente simples em sua profundeza.

Minha compreensão e valorização do *Dhammapada* aumentaram ao longo do tempo em que convivi com ele. Isso é especialmente verdadeiro para os quatro últimos anos, durante os quais me entreguei à tarefa de traduzi-lo do páli, a antiga língua hindu na qual foi preservado. Nesta introdução, compartilho com o leitor contemporâneo muito do que aprendi, na esperança de ajudá-lo a melhor apreciar a beleza e a sabedoria do texto.

O *Dhammapada* surgiu numa época, cultura e tradição espiritual muito diferentes daquelas que a maioria dos leitores ocidentais conhece hoje. Essa diferença salta à vista quando comparamos o início do *Dhammapada* com os versículos iniciais da *Bíblia*, que realçam o papel de Deus como Criador e, por extensão, nossa fé em seu poder. Ao contrário, os dois primeiros versos do *Dhammapada* exaltam a força da mente humana, que molda nossa vida, bem como a importância e a eficácia das ações e escolhas pessoais. Esse tema reaparece ao longo do texto. Aprendemos, por exemplo, que somos nossos próprios protetores e que determinamos nosso destino (verso 380). Aquilo que fazemos, sobretudo com a mente, promove nossa futura felicidade ou infelicidade (versos 1–2). Cada um de nós tem de se esforçar no caminho budista; os mestres só apontam o rumo (verso 276). A pureza ética e mental – ideais importantes no *Dhammapada* – não se conquista pela intervenção alheia: "O homem só se purifica por si mesmo" (verso 65).

O *Dhammapada*, como a antiga tradição budista, oferece duas metas distintas para aquilo que, em termos ocidentais, chamaríamos de vida espiritual. Os versos podem frequentemente, e mesmo inesperadamente, enfatizar ora uma, ora outra.

A primeira meta é conquistar a felicidade e o bem-estar nesta vida e nas futuras. Em vidas futuras, um bom renascimento pode ser como um ser humano em circunstâncias afortunadas ou como um ser celestial (*deva*); um mau renascimento ocorreria no inferno (verso 126). Para atingir a primeira meta, os versos enfatizam as ações virtuosas e os ensinamentos éticos básicos. Assim, por exemplo, há lições sobre viver a vida segundo os preceitos morais (246-247), manter a vigilância e a disciplina da mente (35-36), eliminar o ódio (4), cultivar o respeito (109), evitar as más ações (123), não praticar a violência (129-130) e sufocar a cólera (231-234). Nem todos são ensinamentos exclusivamente budistas. Na verdade, para muitos estudiosos, alguns versos do *Dhammapada* talvez tenham sido adaptados de poemas, canções e lições já correntes na Índia antiga antes da época do Buda e durante aquele tempo.

A segunda e derradeira meta descrita no *Dhammapada*, de caráter exclusivamente budista, é a libertação. Trata-se de uma liberdade espiritual que exige mudança radical na pessoa: uma espécie de purificação, às vezes ilustrada nesses versos como a eliminação ou destruição das falhas, apegos e entraves mentais. Dado que essas forças mentais nos mantêm presos aos ciclos de renascimento, o praticante, superando aquelas, fica livre destes. Para quem não compartilha a crença budista no renascimento, é difícil avaliar a importância que o budismo tradicionalmente atribui à libertação da roda dos nascimentos e mortes.

De comum acordo com a ênfase na purificação, muitas das descrições da meta final são expressas na forma negativa, discriminando aquilo de que a pessoa se libertou. Assim, por exemplo, a criatura iluminada está livre da morte (86), dos vínculos (90), da vaidade (94), do risco de renascer (97), do desejo (154), do medo (216), do pensamento obsessivo (254), das toxinas (272), do sofrimento (354) e das falhas mentais (386). As descrições mais positivas da pessoa iluminada podem ser vistas também como descrições de ausência: ela é alguém que se foi para o Não construído (154) ou para a imobilidade (225). Mesmo quando a libertação é identificada com a paz (96), isso talvez se possa entender como ausência de conflito, agitação ou sofrimento.

Descrever a conquista final valendo-se do que está ausente ou foi eliminado é comum nas mais antigas escrituras budistas. Às vezes, essa conquista se associa a "Nirvana", palavra que nas velhas línguas indianas (por exemplo, sânscrito *nirvāna*; páli *nibbāna*) sugere extinção ou liberação. Posso imaginar uma série de motivos pelos quais as descrições positivas foram evitadas. Em primeiro lugar, é provável que não se consiga descrever o Nirvana nos termos de nossa experiência e linguagem. Em segundo, a experiência final talvez não seja única. Talvez lembre a condição dos prisioneiros soltos do presídio: todos gozam a mesma liberdade depois do encarceramento, mas cada um vivencia a seu modo essa liberdade.

Disposições contrastantes: energia e paz

Depois de me familiarizar com o *Dhammapada* em sua língua original, notei que, além dos ensinamentos, o texto enfatiza duas disposições contrastantes, conforme a antiga teoria hindu de que a poesia exprime sempre ora um, ora outro "sabor" (*rasa*) ou estado emocional. Descobri que o *Dhammapada* não apenas desperta esses estados em mim, como leitor, mas também me faz sentir mais próximo dos autores budistas que compuseram os versos. Graças ao *Dhammapada*, capto a inspiração emocional que os velhos budistas indianos devem ter tido em sua vida espiritual.

A primeira disposição ou emoção é o esforço enérgico (*viriya*), caracterizado pelo heroísmo e o autocontrole exigidos para se iniciar no caminho budista. Alguns versos nos exortam à ação com expressões do tipo: "Erguei-vos! Não sejais negligentes! Vivei o *Dharma*!" (168). O tom direto e contundente de alguns versos transmite essa sensação de energia, o que fica mais claro ainda no segundo capítulo, "Vigilância", no qual a vida do *Dharma* aparece como uma existência resoluta, em que se cultiva ativamente um alto grau de autodomínio.

O segundo "sabor" expresso no *Dhammapada* é o estado de paz (*santi*) que sobrevém depois de se percorrer o caminho da prática. Em certas passagens, o texto contrasta-o explicitamente com a atividade enérgica da pessoa que ainda está caminhando (por exemplo, verso 23). Em associação com a paz vemos a tranquilidade, o repouso, a pureza, a alegria e a liberdade. Os capítulos que mais claramente falam da paz e suas qualidades correlatas são o 15 e o 25.

TEMAS

Vários temas importantes do *Dhammapada* são apresentados como dicotomias: por exemplo, ser vigilante contra ser negligente, ter autocontrole contra ser descontrolado, ter má vontade contra não tê-la, ser confiável contra não ser, desenvolver a mente contra não desenvolvê-la, lamentar contra rejubilar-se. Mesmo a estrutura poética do *Dhammapada* é construída muitas vezes em torno de dicotomias. Alguns versos se emparelham para apresentar os dois lados de uma distinção. Isso fica mais evidente no primeiro capítulo, cujo título é, com muita propriedade, "Dicotomias". Alguns pares de capítulos também parecem representar dicotomias, por exemplo, o que trata do "tolo" seguido pelo que trata do "sábio".

Em outros textos, essa característica só teria um interesse casual. Mas no *Dhammapada* revela quão importantes eram, para o pragmatismo da antiga tradição budista, as distinções simples. O que importa é se uma coisa funciona ou não, facilita ou não a busca espiritual. Todas as dicotomias, no *Dhammapada*, podem ser consideradas extensões da mera preocupação pragmática. Uma das expressões mais óbvias dessa tendência está no verso 282, que trata da distinção entre o que aumenta e o que diminui a sabedoria da pessoa:

A sabedoria brota da prática [espiritual];
Sem a prática, ela decai.
Conhecendo esse caminho de duas mãos para o ganho e a perda,
Age de modo que tua sabedoria aumente.

Uma dicotomia comum no texto é entre a ação meritória e aquilo que na maioria das vezes traduzi por "mal". "Mérito" traduz-se quase sem problemas para *puñña*; sem dúvida, é preferível a "bem", como vemos em certas traduções. Empreguei "mal" para traduzir *pāpa*. O conceito talvez esteja mais próximo de "demérito" (forma que adotei no verso 39), mas achei que esse termo é em geral suave demais. *Pāpa* é aquilo que causa sofrimento à pessoa e dano ao semelhante. É a condição causal para um nascimento infeliz (117-118).

O tema do mal também aparece em diversas referências a Māra. O homem que quer libertar-se deve combater Māra (40), evitar ser vencido por ele (7-8) e, no fim, vencê-lo (175). Os leitores ocidentais costumam ver em Māra a versão budista do demônio, especialmente quando é chamado de *pāpimā*, "o Perverso". Mas, como *pāpa* se refere à ação destituída de mérito, *pāpimā* talvez deva ser entendido como aquele que empurra as pessoas para baixo nos ciclos de renascimento. A palavra *Māra*, derivada da raiz verbal *mr*, "morrer", alude àquilo que mata. Os versos que falam em "passar despercebido" a Māra (por exemplo, em 46 e 170) querem dizer, acredito, superar a morte. Isso não significa que as pessoas libertas não morrem. Ao contrário, sugere em primeiro lugar que elas já não estão sujeitas às forças letais de Māra, como o medo, a cólera e o apego; e, em segundo, que se desvencilharam das forças conducentes a um novo nascimento e, portanto, a uma nova morte.

Outro contraste comum no texto é entre o sábio e o tolo, ou talvez entre o sábio e o ingênuo; *bāla*, o tolo, também significa "criança" ou "ingênuo". O tolo age de modo a prejudicar-se; o sábio, sempre de maneira benéfica. Além disso, o sábio percebe claramente essas dicotomias:

Não é pelo silêncio
Que o tolo ignorante se torna sábio.
O homem avisado que,
Como se empunhasse uma régua,
Escolhe o bem e evita o mal
É, por isso mesmo, sábio.

Quem avalia corretamente esses dois lados do mundo
É, por isso mesmo, sábio.
(268-269)

Tais versos podem parecer intransigentes e impiedosos. Creio, porém, que seu propósito não é denegrir os "tolos", mas antes ressaltar a diferença entre o comportamento hábil e o inábil, entre o que leva a resultados indesejáveis e o que conduz a bom termo. Os tolos são às vezes apresentados como pessoas más, porém mais frequentemente absortas, distraídas pelos apegos mundanos (ver, por exemplo, 286-287).

A leitura do *Dhammapada*

Durante anos de leitura do *Dhammapada*, passei muito tempo refletindo sobre dois problemas relacionados ao texto e seu significado para o moderno praticante leigo: primeiro, a ênfase na renúncia, solidão e vida monástica; segundo, o que pode parecer negação ou rejeição do mundo.

O principal público do *Dhammapada* tem sido, historicamente, a comunidade budista ordenada. Assim, muitos versos abordam, o que é compreensível, questões da vida monástica. No entanto, eles se aplicam a qualquer pessoa que busque uma vida dedicada à prática do *Dharma*. O desafio, para os praticantes leigos, consiste em descobrir como incorporar devidamente, à existência mundana, a renúncia e a pureza que caracterizam a vida monástica. Foi assim que os interpretei para uso próprio. Quando os versos 9 e 10 declaram que o monasticismo é inútil caso o monge ou a monja não seja virtuoso, autocontrolado e honesto, aplico-os a mim mesmo, como se dissessem que a vida do leigo também não vale nada sem essas qualidades. Quem vive dessa maneira pode, metaforicamente, ser chamado de monge, como ocorre no verso 142.

O segundo problema – se o texto contém uma mensagem de rejeição do mundo – é mais grave, talvez porque o *Dhammapada* tenha sido concebido para abalar nosso relacionamento com as coisas materiais. Uma primeira leitura de certos versos parece revelar negação ou repúdio do mundo (de fato, algumas traduções tratam o texto todo com base nessa impressão). Por exemplo, somos instados a "não nos envolver com o mundo" (167). Certamente, para muitos leitores, o verso seguinte nega as relações humanas comuns:

O afeto gera o sofrimento;
O afeto gera o medo.
Para quem se libertou do afeto
Não há sofrimento,
E de onde viria o medo? (213)

No entanto, se afeto for aqui entendido como uma forma de apego – e essa, a meu ver, deve ter sido a intenção original –, o que se critica não é um relacionamento carinhoso ou dedicado, mas o apego a esse relacionamento. Do mesmo modo, não é o mundo que o *Dhammapada* nega, mas sim o *apego* ao mundo (como no verso 171).

Em outras palavras, o que o texto repudia é o *samsāra*, os ciclos autoperpetuadores do sofrimento que brota do apego. Libertar a pessoa desses ciclos infindáveis é o objetivo principal do *Dhammapada*. Mundo e *samsāra* não são a mesma coisa, embora o mundo forneça a maioria dos objetos de apego samsárico.

Contrastando com os versos que aparentemente negam o mundo, o *Dhammapada* põe grande ênfase na alegria, com uma seção inteira, o capítulo 15, dedicado à felicidade. Nele encontramos inúmeras expressões de júbilo, incluindo exclamações efusivas daqueles que se livraram dos apegos. Dizem eles: "Festejemos alegremente" (200).

Por esses motivos, cheguei à conclusão de que a mensagem geral não é evitar o mundo, mas evitar o apego. Embora possa parecer, de início, que o texto nega o mundo, acredito que a postura no *Dhammapada* não é nem de afirmação nem de negação. O que ele preceitua é o rompimento do apego ao mundo. Quem aceitar esse desafio e libertar-se viverá aqui o mais sabiamente possível, o que inclui alegrar-se.

Ao longo dos anos, li o *Dhammapada* de várias maneiras, às vezes descuidadamente, outras com muita atenção. Procurei serenar a mente a fim de, meditando, aproximar-me do texto de maneira criativa e intuitiva. Eu o li em voz alta. Memorizei versos. Reli algumas passagens várias vezes, até que revelassem novos sentidos e percepções. Degustei os versos tanto para minha própria inspiração quanto para descobrir o que inspirou os antigos budistas em sua vida religiosa. Em certas ocasiões abordei o texto inquisitivamente; em outras, procurando saber como ele responderia a determinada pergunta que me ocorrera; e, em outras, para permitir que o texto questionasse minha postura e minhas tendências.

Cada maneira de ler o *Dhammapada* me deu uma impressão diferente sobre ele. A variedade de abordagens enriqueceu minha experiência do texto. Espero que a presente tradução possibilite a outros leitores enriquecerem também a sua, acenando-lhes com a felicidade para a qual este clássico religioso é um guia seguro.

O Dhammapada

1

Dicotomias*

Toda experiência é precedida pela mente,
    Conduzida pela mente,
    Feita pela mente.
Fala ou age com mente corrompida,
    E o sofrimento virá
Como a roda do carro segue a pegada do boi.

Toda experiência é precedida pela mente,
    Conduzida pela mente,
    Feita pela mente.
Fala ou age com mente serena,
    E a felicidade virá
Como uma sombra imóvel. (1-2)*

"Ele me ofendeu, ele me atacou,
    Ele me venceu, ele me roubou!"
Para quem se comporta desse modo,
    O ódio nunca cessa.

---

* O asterisco indica que há uma nota explicativa no final do livro.

"Ela me ofendeu, ela me atacou,
    Ela me venceu, ela me roubou!"
Para quem não se comporta desse modo,
    O ódio cessa. (3-4)

O ódio nunca cessa pelo ódio.
    Só pelo não ódio ele cessa.
    Eis uma verdade antiga.

Muitos não percebem que
    Teremos de morrer.
    Para quem o percebe,
    A querela cessa. (5-6)*

Quem vive
    Apegado ao prazer,
    Sem vigiar os sentidos,
    Imoderado no comer,
    Ocioso e descuidado,
Será vencido por Māra,
    Como a árvore frágil curvada pelo vento.

Quem vive
    Apegado às coisas não prazerosas,
    Vigiando os sentidos,
    Moderado no comer,
    Diligente e atento,
Não será vencido por Māra,
    Como a montanha rochosa que o vento não desloca. (7-8)*

O homem corrompido,
    Sem autocontrole nem verdade,
    Ainda que vista o manto cor de açafrão,
Do manto cor de açafrão é indigno.

O homem que purgou a corrupção,
    É autocontrolado, veraz
    E firme na virtude,
Esse é digno do manto cor de açafrão. (9-10)*

Aqueles que consideram o supérfluo essencial
    E o essencial supérfluo
Não alcançam o essencial,
    Vivendo na esfera da intenção errônea.

Aqueles que consideram o essencial essencial
    E o supérfluo supérfluo
Alcançam o essencial,
    Vivendo na esfera da intenção reta. (11-12)*

Assim como a chuva penetra
    Na casa mal coberta,
A luxúria penetra
    Na mente inculta.

Assim como a chuva não penetra
    Na casa bem coberta,
A luxúria não penetra
    Na mente cultivada. (13-14)*

Quem faz o mal sofre nesta vida,
    Sofre na próxima,
    Sofre nos dois mundos.
A visão das próprias más ações traz dor e aflição.

Quem pratica atos meritórios rejubila-se nesta vida,
Rejubila-se na próxima,
Rejubila-se nos dois mundos.
A visão das próprias ações puras traz alegria e deleite. (15-16)

Quem pratica o mal é atormentado nesta vida,
É atormentado na próxima,
É atormentado nos dois mundos.
Aqui é atormentado, dizendo-se: "Agi mal".
Renascendo em esferas de sofrimento, atormenta-se ainda mais.

Quem pratica ações meritórias deleita-se nesta vida,
Deleita-se na próxima,
Deleita-se nos dois mundos.
Aqui se deleita, dizendo-se: "Agi bem".
Renascendo em esferas de bênção, deleita-se ainda mais. (17-18)*

Aquele que recita muitos ensinamentos,
Mas, negligente, não os põe em prática,
Como o pastor contando as vacas de outrem,
Não obtém os benefícios da vida contemplativa.

Aquele que recita poucos ensinamentos,
Mas vive de comum acordo com o *Dharma*,
Renunciando à paixão, à má vontade, à ilusão,
Alerta e de mente livre,
Sem apegos nesta ou na próxima vida,
Obtém os benefícios da vida contemplativa. (19-20).

2

Vigilância*

A vigilância é o caminho para a Imortalidade;
A negligência é o caminho para a morte.
O vigilante não morre.
O negligente já está morto. (21)*

Consciente dessa distinção,
O vigilante sábio se rejubila na vigilância,
Deleitando-se
Na esfera das criaturas nobres. (22)*

Absorto em meditação, perseverante,
Sempre imperturbável,
O sábio alcança o Nirvana,
O descanso final das tribulações. (23)*

A glória vem para aquele que é
Enérgico e cuidadoso,
Puro e prudente na ação,
Contido e vigilante,
E vive no *Dharma*. (24)

Por meio do esforço, da vigilância,
    Da contenção e do autocontrole,
O sábio se torna uma ilha
    Que a inundação não submerge. (25)*

Pessoas imprudentes, tolas,
    Entregam-se à negligência.
O sábio
    Conserva a vigilância como seu maior tesouro. (26)

Não te entregues à negligência,
    Não cedas ao prazer sensual.
Vigilante e absorto em meditação,
    Obterás felicidade em abundância. (27)

Combatendo a negligência com a vigilância,
    Escalando a torre da percepção, livre de dores,
O sábio observa as massas sofredoras
    Como, do alto de uma montanha, alguém que contemplasse
        Os tolos no vale. (28)

Vigilante entre os negligentes,
    Desperto entre os adormecidos,
O sábio avança
    Como o corcel veloz que ultrapassa o lento. (29)

Graças à vigilância, Indra se tornou o maior dos deuses.
    Os deuses louvam a vigilância,
    E para sempre rejeitam a negligência. (30)*

O monge que se rejubila na vigilância
E teme a negligência
Avança como a chama
Que queima plumas finas e espessas. (31)

O monge que se rejubila na vigilância
E teme a negligência
Não comete apostasia
E está bem perto do Nirvana. (32)

3

A Mente

A mente insone e agitada,
    Difícil de proteger, difícil de controlar,
O sábio a põe direita,
    Como o flecheiro faz com a haste da flecha. (33)

Como um peixe fora da água,
    Atirado em terra seca,
Essa mente se contorce
    Para escapar ao império de Māra. (34)

A mente, difícil de controlar,
    Descuidosa e errante,
Tem de ser dominada.
    A mente disciplinada traz felicidade. (35)

A mente, difícil de localizar,
    Sutil e ágil,
O sábio a protege.
    A mente disciplinada traz felicidade. (36)

Distante, solitária,
    Incorpórea e oculta
É a mente.
    Aqueles que a refreiam
Ficam livres dos laços de Māra. (37)*

Aqueles que têm a mente inconstante,
    Que não conhecem o verdadeiro *Dharma*
E cuja serenidade vacila,
    Para esses a sabedoria não amadurece. (38)

Para aquele que está desperto,
    Que não tem a mente agitada,
    Cujo coração não se aflige
    E renunciou tanto ao mérito quanto ao demérito,
O medo não existe. (39)*

Sabendo que este corpo é um vaso de argila,
    Transforma a mente numa fortaleza,
Combate Māra com a espada da percepção,
    Protegendo o que foi conquistado,
        E a nada se apegando. (40)*

Logo este corpo
    Ficará estendido no chão,
Posto de lado, privado de consciência,
    Como uma lasca inútil de madeira. (41)

O que quer que um inimigo faça a um inimigo,
    Ou alguém que odeia a alguém que odeia,
Bem pior é o dano
    Provocado pela mente mal orientada. (42)*

Nem mãe nem pai,
    Nem parente algum pode fazer
Tanto bem a alguém
    Quanto sua própria mente bem orientada. (43)

4

Flores

Quem governará este mundo,
    Os reinos de Yama e os deuses?
Quem escolherá um ensinamento pertinente do *Dharma*
    Como uma pessoa habilidosa escolhe uma flor? (44)*

Adestrando-se, a pessoa governará este mundo,
    Os reinos de Yama e os deuses.
Adestrando-se, escolherá
    Um ensinamento pertinente do *Dharma*
    Como uma pessoa habilidosa escolhe uma flor. (45)*

Sabendo que este corpo é como espuma,
    Ciente de que não passa de miragem,
Podando as flores de Māra,
    Ela passa despercebida ao Rei da Morte. (46)

A morte arrasta
    A pessoa obcecada
Pela colheita de flores
    Como a enchente arrasta a aldeia adormecida. (47)*

A pessoa obcecada
    Pela colheita de flores,
Insaciável de prazeres sensuais,
    Está sob o império da morte. (48)*

Assim como a abelha colhe o néctar
    E se vai sem causar dano
    À flor, à sua cor, ao seu perfume,
Assim deve o sábio atravessar a aldeia. (49)

Não cuides dos erros dos outros
    Nem do que fizeram ou deixaram de fazer.
Cuida apenas
    Do que fizeste ou deixaste de fazer. (50)

Tal como a flor bonita,
    Brilhantemente colorida, mas sem aroma,
As palavras enfáticas
    São inúteis quando não realizadas.

Tal como a flor bonita,
    Brilhantemente colorida, mas sem aroma,
As palavras enfáticas
    Dão frutos quando realizadas. (51-52)

Assim como de uma braçada de flores
    Muitas guirlandas podem ser tecidas,
Assim você, com sua vida mortal,
    Deve fazer muitas coisas benfeitas. (53)

O perfume das flores
(Sândalo, jasmim, loendro)
Não avança contra o vento.
Mas o perfume do homem virtuoso
Avança contra o vento,
Espalhando-se em todas as direções. (54)*

O perfume da virtude
Não cede
Nem mesmo ao do sândalo, do loendro,
Nenúfar e jasmim. (55)

Suave
É o perfume do loendro e do sândalo;
Mas o perfume da virtude é superior,
Chegando até os deuses. (56)

Māra não encontra o caminho
Dos homens virtuosos,
Que vivem atentos
e livres graças ao correto entendimento. (57)

Assim como o lótus de doce aroma,
Grato ao coração,
Pode crescer num monte de lixo,
Ignorado à margem do caminho,
Assim o discípulo do Plenamente Desperto
Brilha com sabedoria
Entre a massa sórdida
Da gente comum e cega. (58-59)*

5

O Tolo*

A noite é longa para quem não consegue dormir.
Sete milhas é muito para quem está cansado.
O *samsāra* é longo para os tolos
Ignorantes do verdadeiro *Dharma*. (60)

Se, no caminho,
Não encontrar um igual ou melhor,
Continua avançando sozinho.
Não se deve conviver com os tolos. (61)

O tolo sofre, pensando:
"Tenho filhos! Tenho fortuna!"
Pois se nem seu eu é dele,
Como seriam dele filhos e fortuna? (62)

O tolo consciente de sua tolice
É, nesse ponto, sábio.
Mas o tolo que se supõe sábio
Merece bem o nome de tolo. (63)

O tolo que convive com o sábio,
Ainda que pela vida inteira,
Não percebe mais o *Dharma*
Do que a colher percebe o gosto da sopa. (64)

O homem avisado que convive com o sábio,
Mesmo por um breve instante,
Logo percebe o *Dharma*
Como a língua percebe o gosto da sopa. (65)

Os tolos insensatos
Fazem-se seus próprios inimigos,
Praticando más ações
Que dão frutos amargos. (66)

Não é boa
A ação que provoca arrependimento,
Resultando em pranto
E faces sulcadas pelas lágrimas. (67)

É boa
A ação que não provoca arrependimento,
Resultando em risos
E deleite. (68)

Enquanto o mal não dá frutos,
O tolo o toma por mel.
Mas quando o mal dá frutos,
Então o tolo padece. (69)

O asceta insensato que mês após mês
    Apanha o alimento com a ponta de uma folha de grama
Não vale uma fração
    Da pessoa que se aprofundou no *Dharma*. (70)*

Assim como o leite fresco,
    As más ações não coalham imediatamente;
Tal como o fogo coberto por cinzas,
    Seguem o tolo, queimando sem ser vistas. (71)*

Raciocinar faz mal
    Aos tolos:
Arruína sua boa sorte
    E quebra-lhes a cabeça. (72)*

Os tolos apetecem posições imerecidas,
    Deferência dos outros monges,
Autoridade nos mosteiros,
    Homenagens das boas famílias.
"Saibam os que cuidam da casa e os ascetas
    Que *eu* fiz *isto.*
    E procurem me obedecer em tudo!"
Tais são os pensamentos de um tolo
    Que cultiva o desejo e o orgulho. (73-74)

Uma coisa é o caminho para os ganhos materiais,
    Bem outra o caminho para o Nirvana.
Sabedor disso, o monge que segue Buda
    Não deve apreciar a veneração,
    Mas cultivar a solidão. (75)*

6

O Sábio

Como aquele que mostra um tesouro,
É sábia a pessoa
Que vê suas faltas e as assinala.
Aproxima-te desse sábio.
Boa vontade, não má vontade,
Brotará do convívio. (76)

Que alguém assim te aconselhe, te instrua
E te modere o comportamento.
Pessoas assim são gratas à gente boa,
Mas desagradam aos maus. (77)

Não faças maus amigos,
Não convivas com gente inferior.
Faze amigos virtuosos,
Convive com as melhores pessoas. (78)

Aquele que se abebera no *Dharma*
    Dorme tranquilo, com mente lúcida.
O sábio sempre se deleita no *Dharma*,
    Ensinado pelas pessoas nobres. (79)*

Aguadeiros carregam água,
    Flecheiros fabricam flechas,
Carpinteiros trabalham madeira;
    Sábios domam-se a si mesmos. (80)*

Assim como uma massa sólida de rocha
    Não é movida pelo vento,
Assim o sábio não se curva
    Ao elogio ou à censura. (81)

Assim como um lago profundo
    Permanece translúcido e sereno,
Assim o sábio é claro
    Por ter ouvido o *Dharma*. (82)

As pessoas virtuosas permanecem calmas,
    Sem se incomodar com prazeres e desejos.
Tocado pela felicidade e depois pelo sofrimento,
    O sábio não se mostra nem jubiloso nem deprimido. (83)*

Aquele que não busca o sucesso por meios imorais,
    Nem por si
    Nem pelos outros,
    Não quer filhos, riqueza ou poder,
É pessoa de virtude, percepção e verdade. (84)*

Poucos são aqueles
Que alcançam a margem oposta.
Muitos são aqueles
Que ficam vagueando numa margem só. (85)

Aqueles, porém, que se puseram de acordo com o *Dharma*,
O *Dharma* corretamente ensinado,
Irão além do reino da Morte,
Tão difícil de atravessar. (86)

Afastando-se dos caminhos escuros,
O sábio só conhece os iluminados.
Passa da casa ao relento,
À solidão tão difícil de usufruir.

Ali busca o deleite,
Renunciando aos desejos sensuais,
E nada possuindo.
O sábio deve purificar-se
Daquilo que corrompe a mente. (87-88)*

Aqueles que
Cultivam a fundo os Passos do Despertar
Rompem os vínculos,
Gozam o desapego e,
Eliminando as toxinas,
Tornam-se luminosos
E completamente livres nesta vida. (89)*

7

O *Arahant*

Para alguém
    No final da jornada,
    Livre de sofrimentos,
    Que se libertou de todas as maneiras,
    E rompeu todos os laços,
A febre não existe. (90)*

O homem sensato se adapta
    E não permanece nunca num só lugar.
Como os cisnes que voam do lago,
    Abandona morada após morada. (91)

Como o caminho dos pássaros no céu,
    É difícil rastrear a senda
Daqueles que não acumulam riquezas,
    São judiciosos com o alimento
E cuja esfera
    É a liberdade do vazio e do indetectável. (92)*

Como o caminho dos pássaros no céu,
    É difícil rastrear a senda
Daqueles que eliminaram suas toxinas,
    Não se apegam ao alimento
E cuja esfera
    É a liberdade do vazio e do indetectável. (93)*

Até os deuses prezam
    Aqueles que eliminaram as toxinas,
Despojaram-se da vaidade,
    Acalmaram os sentidos,
Como cavalos bem seguros pelo cocheiro. (94)

A pessoa
    Que, como a terra, não se perturba,
    Que se esmerou na prática,
    Que parece um pilar de Indra,
    Que é como um lago sem lama,
Não precisa mais vaguear. (95)*

Serena na mente, na fala e na ação,
    Liberta graças ao correto entendimento,
Essa pessoa
    Está completamente em paz. (96)

Aquele que foi além
    Da fé,
    Conhece o Incriado,
    Rompeu os laços,
    Eliminou a possibilidade [do renascimento]
    E renunciou ao apego,
Esse é grande. (97)*

Na aldeia, na floresta,
    Na planície e na montanha;
Agradável é o lugar
    Onde está o *arahant*. (98)

Agradáveis são as florestas
    Que as pessoas não apreciam.
Ali se deleita o homem livre de paixões,
    Que não busca os prazeres sensuais. (99)

8

Milhares

Melhor que mil frases sem sentido
É uma palavra com sentido,
A qual, depois de ouvida,
Traz consigo a paz. (100)

Melhor que mil estrofes sem sentido
É um verso com sentido,
O qual, depois de ouvido,
Traz consigo a paz. (101)

Melhor que recitar uma centena de estrofes vazias
É recitar um verso cheio de sentido do *Dharma*,
O qual, depois de ouvido,
Traz consigo a paz. (102)*

Mais forte no combate
Que o guerreiro que vence
Mil vezes mil inimigos
É aquele que vence a si mesmo. (103)

Certamente, mais vale vencer
A si mesmo que aos outros.
Pois àquele que se controla
E vive sempre no comedimento,
Nem um deus nem um *gandhabba*,
Nem Māra nem Brahma juntos,
Podem transformar sua vitória em derrota. (104-105)*

Melhor que mil sacrifícios rituais,
Oferecidos todos os meses por cem anos,
É a homenagem rápida oferecida
Àquele que por si mesmo se cultivou. (106)

Melhor que cem anos
Na floresta, alimentando a chama ritual,
É a homenagem rápida oferecida
Àquele que por si mesmo se cultivou. (107)

Qualquer sacrifício ou oferenda que quem busca o mérito
Possa realizar num ano inteiro
Não vale sequer um quarto
Do respeito tributado aos homens justos. (108)

Pois para a pessoa que respeita
E reverencia sempre os homens de valor,
Quatro coisas aumentam:
Tempo de vida, beleza, felicidade e força. (109)

Melhor que viver cem anos
Com [mente] agitada,
Destituída de virtude,
É viver um dia
Em virtude e meditação. (110)*

Melhor que viver cem anos
    Com [mente] agitada,
    Destituída de percepção,
É viver um dia
    Em percepção e meditação. (111)*

Melhor que viver cem anos
    Ocioso e sem energia
É viver um dia
    Com vigor e aplicação. (112)

Melhor que viver cem anos
    Sem ver as coisas surgir e passar
É viver um dia
    Vendo-as surgir e passar. (113)*

Melhor que viver cem anos
    Sem ver o Imortal
É viver um dia
    Vendo o Imortal. (114)*

Melhor que viver cem dias
    Sem apreender o *Dharma* supremo
É viver um dia
    Apreendendo o *Dharma* supremo. (115)

9

Mal

Sê rápido na prática do bem,
Afasta a mente do mal.
A mente de quem tarda a fazer o bem
Se deleita no mal. (116)

Se fizeres algum mal,
Não o repitas,
Não anseies por ele:
O mal acumulado traz sofrimento. (117)

Se fizeste algo meritório,
Repete-o,
Anseia por ele:
O mérito acumulado traz felicidade. (118)

Até o malvado pode se beneficiar
Enquanto o mal
Ainda não amadureceu.
Mas se já amadureceu,
O malvado
Encontrará o infortúnio. (119)*

O virtuoso pode encontrar o infortúnio
    Enquanto o bem
    Ainda não amadureceu.
Mas se já amadureceu,
    O virtuoso
    Encontrará a felicidade. (120)

Não desprezes o mal, dizendo:
    "Ele não voltará para mim!"
De gota em gota,
    Até um cântaro se enche de água.
Aos poucos,
    O tolo se enche de maldades. (121)

Não desprezes o mérito, dizendo:
    "Ele não voltará para mim!"
De gota em gota,
    Até um cântaro se enche de água.
Aos poucos,
    O sábio se enche de mérito. (122)

Assim como o mercador
    Que leva grande fortuna numa pequena caravana
    Evita os caminhos perigosos;
Assim como aquele que ama a vida
    Evita o veneno;
Assim deves evitar as más ações. (123)

A mão sem ferimentos
    Pode manipular venenos;
O veneno não penetra se não houver uma ferida.
    Não há más consequências
Para quem não pratica o mal. (124)*

Como poeira fina atirada contra o vento,
    O mal retorna para o tolo
Que prejudica uma pessoa
    Inocente, pura, sem mácula. (125)

Alguns renascem num ventre;
Os maus renascem no inferno.
Os bons vão para o céu
E os livres de toxinas
    Imergem no Nirvana. (126)

Não acharás lugar algum no mundo,
    Nem no céu, nem no oceano,
    Nem numa caverna da montanha,
Onde fiques livre de teu mau *karma*. (127)

Não acharás lugar algum no mundo,
    Nem no céu, nem no oceano,
    Nem numa caverna da montanha,
Onde a morte não o encontre. (128)

10

Violência*

Todos tremem diante da violência;
 Todos temem a morte.
Vendo os outros como se fossem tu mesmo,
 Não mates nem os faças matar. (129)*

Todos tremem diante da violência;
 A vida é cara para todos.
Vendo os outros como se fossem tu mesmo,
 Não mates nem os faças matar. (130)*

Se, buscando a felicidade,
 Fazes uso da violência
Para ferir seres vivos que buscam a felicidade,
 Não serás feliz depois da morte. (131)

Se, buscando a felicidade,
 Não fazes uso da violência
Para ferir seres vivos que buscam a felicidade,
 Serás feliz depois da morte. (132)

Não fales com dureza a ninguém;
O que falares voltará para ti.
A fala hostil é ofensiva
E a retaliação virá. (133)

Se, como um sino rachado,
Não vibras,
Então encontraste o Nirvana
E nenhuma hostilidade existe em ti. (134)

Assim como, empunhando o cajado,
O pastor leva o gado para o pasto,
Assim a velhice e a morte
Conduzem a vida das criaturas. (135)

Os tolos praticam o mal
Sem saber.
Como alguém queimado pelo fogo,
Os insensatos são chamuscados por suas próprias más
ações. (136)

Quem usa de violência para ferir
Os pacíficos e inocentes,
Logo se insere numa destas dez condições:
Dor intensa ou grande perda,
Ferimentos físicos ou insanidade,
Doença grave ou difamação,
Opressão dos grandes ou perda de parentes,
Casas incendiadas ou riqueza destruída.
Com o corpo arruinado,
O insensato se precipita no inferno. (137-140)

Nudez, cabelos desgrenhados,
Sujeira, pó, imundície,
Fazer jejum, dormir no chão duro,
Praticar ascetismo de cócoras:
Nada disso purifica o mortal que não superou a dúvida. (141)

Mesmo coberta de adornos,
Se uma pessoa vive em paz,
Calma, controlada, segura e casta,
Tendo calado a violência para com todos os seres,
Ela é um *brahmin*, um renunciante, um monge. (142)*

Onde, neste mundo, encontrar alguém,
Refreado pela consciência,
Que não conheça a censura
Como o bom cavalo não conhece o chicote? (143)*

Como o bom cavalo, alerta para o chicote,
Sê fogoso e alarmado,
Com fé, virtude, esforço,
Concentração e discernimento,
Maduro no saber e no agir.
Se fores vigilante,
Deixarás para trás tão grande sofrimento. (144)*

Os aguadeiros carregam água,
Os flecheiros fabricam flechas,
Os carpinteiros trabalham a madeira;
O experiente doma-se a si mesmo. (145)

11

Velhice

Por que o riso, por que a alegria,
    Quando as chamas ainda ardem?
Rodeado de treva,
    Não deverias buscar a luz? (146)

Olha para este belo corpo:
    Cheio de feridas,
    Tomado de doenças, [objeto de] muitos projetos,
    Mas sem nada de estável ou duradouro. (147)*

Este corpo se desgasta:
    É frágil, abrigo de moléstias.
Quando a vida termina na morte,
    O corpo pútrido se dissolve. (148)*

Que prazer há
    Em contemplar estes ossos esbranquiçados e inertes
Serem atirados fora
    Como cabaças brancas no outono? (149)

Esta cidade é feita de ossos,
    Com reboco de sangue e carne,
Para abrigar a velhice,
    A morte, a inveja, a hipocrisia. (150)

Mesmo os carros esplêndidos da realeza se estragam,
    Como também se estraga o corpo.
Mas o *Dharma* do virtuoso não se estraga nunca,
    [Pois se preserva quando] ele [o] ensina
        Às pessoas boas. (151)*

O homem de curto entendimento
    Cresce como o boi:
A carne aumenta,
    Mas não o conhecimento. (152)

Ao longo de muitos nascimentos,
    Perambulei sem cessar,
Buscando, mas sem encontrar,
    O construtor desta casa.
Renascer é sofrer.

Construtor, foste surpreendido!
    Não construirás mais casa alguma!
As vigas apodreceram,
    A cumeeira desabou.
A mente, mergulhando no Não Construído,
    Não anseia mais! (153-154)*

Quem não levou vida casta
    Nem, na mocidade, amealhou riqueza,
Definha como a garça frágil
    Num lago sem peixes. (155)*

Quem não levou vida casta
    Nem, na mocidade, amealhou riqueza,
Jaz inerme como [a flecha] desgarrada,
    Lamentando o passado. (156)

12

A Pessoa

Quem se sabe precioso
Preserva-se com cuidado.
O sábio zela por si mesmo
A qualquer hora
Da noite. (157)*

Assumindo a correta
Atitude
Antes de ensinar os outros,
O sábio não se macula. (158)

Instrui os outros
Como a ti mesmo te instruis:
Só os que se controlam podem controlar os outros.
Controlar-se a si mesmo é difícil. (159)

A própria pessoa é seu preceptor.
Que outro preceptor haveria?
Graças ao autocontrole,
Ela conquista um protetor difícil de conquistar. (160)

O mal vem da própria pessoa.
    Nasce dela, é por ela produzido.
Reduz a pó o insensato
    Como o diamante reduz a pó a gema. (161)

O homem que se cobre com sua própria conduta perversa,
    Como a trepadeira cobre a árvore,
Faz a si mesmo
    O que um inimigo lhe faria. (162)

É fácil praticar o mal
    E prejudicar-se.
É difícil fazer
    O que é proveitoso e bom. (163)

O insensato, recorrendo a argumentos ruins
    Para corromper os ensinamentos dos nobres *arahants*
        Que vivem o *Dharma*,
Gera frutos que o destroem,
    Como o junco *kathaka*, que morre
        Após frutificar. (164)*

O mal se deve só à própria pessoa.
    A própria pessoa é que se corrompe.
A própria pessoa é que evita o mal.
    Dela dependem a pureza ou a impureza;
Ninguém pode purificar seu semelhante. (165)

Não renuncies à tua prosperidade
    Pela prosperidade alheia, embora grande.
Aprecia o que tens
    E persegue o bem maior. (166)

13

O Mundo

Não sigas o mau caminho,
    Não vivas com negligência.
Não adotes um mau princípio,
    Não te deixes envolver pelo mundo. (167)*

Anima-te! Não sejas negligente!
    Vive o *Dharma*, conduze-te bem.
Quem vive o *Dharma* é feliz
    Neste mundo e no outro. (168)

Vive o *Dharma*, conduze-te bem.
Não vivas uma vida de más ações.
Quem vive o *Dharma* é feliz
    Neste mundo e no outro. (169)

Quem vê o mundo como uma bolha,
    Quem vê o mundo como uma miragem,
Não será visto
    Pelo Rei da Morte. (170)

Tu vês este mundo
Como uma bela carruagem real?
Os tolos chafurdam nele,
O sábio a ele não se apega. (171)

Quem compensa uma má ação
Com outra meritória
Ilumina o mundo
Como a lua que se liberta da nuvem. (172)

Quem substitui uma má ação
Por outra meritória
Ilumina o mundo
Como a lua que se liberta da nuvem. (173)*

O mundo é cego;
Poucos, nele, veem com clareza.
Poucos são os pássaros que escapam da armadilha,
Poucos são os homens que vão para o céu. (174)*

Os cisnes percorrem o caminho do sol;
Quem tem poderes psíquicos viaja pelo espaço;
O sábio vagueia para longe do mundo,
Após vencer Māra e seu exército. (175)*

Pessoas que dizem falsidades,
Transgridem as leis
E rejeitam o mundo do além
Praticam todos os males possíveis. (176)*

Os tolos não louvam a generosidade,
    Os avarentos não vão para o mundo dos deuses.
O sábio se rejubila na generosidade
    E encontra a felicidade no além. (177)

Poder supremo na terra,
    Entrada no céu,
Domínio de todos os mundos –
    O fruto da entrada no fluxo vale mais que isso tudo. (178)*

14

O Buda*

A vitória do Buda é definitiva;
    Ninguém no mundo a pode imitar.
Por que caminhos guiarias alguém
    Que não tem caminho
    E cujo espaço é infinito? (179)

Nem seduções nem desejos ardilosos
    Atraem o Buda.
Por que caminhos guiarias alguém
    Que não tem caminho
    E cujo espaço é infinito? (180)*

Até os deuses invejam
    O desperto,
    O atento,
    O sábio
Que se entregam à meditação
    E se deleitam na paz da renúncia. (181)

É difícil nascer como criatura humana;
    É difícil a vida dos mortais
É difícil ouvir o verdadeiro *Dharma*;
    É difícil o advento dos budas. (182)

Não fazer o mal,
    Agir com habilidade
E purificar a mente:
    Eis o que ensinam os budas. (183)

A resistência paciente é o supremo ascetismo.
    Os budas dizem que o Nirvana é a realidade suprema.
Quem fere os outros não é um renunciante;
    Quem prejudica os outros não é um contemplativo. (184)*

Não menosprezar o próximo, não infligir dano,
Praticar o autocontrole segundo as regras monásticas,
Moderar-se na alimentação,
Viver na solidão
E buscar os estados superiores da mente,
    Eis o que ensinam os budas. (185)

Nem com uma chuva de moedas de ouro
    Encontraremos satisfação nos desejos sensuais.
Sabedor de que os desejos sensuais são sofrimento,
    De que trazem pouca satisfação,
O sábio não se rejubila
    Sequer nos prazeres divinos.
Aquele que se deleita com a cessação do desejo
    É discípulo do Plenamente Desperto. (186-187)

Aqueles que são ameaçados pelo medo
    Buscam inúmeros refúgios:
Montanhas, florestas,
    Jardins, árvores e santuários.
Nenhum deles é seguro.
    Buscar esses lugares
Não liberta ninguém do sofrimento. (188-189)

Mas quando alguém busca refúgio
    Junto ao Buda, ao *Dharma* e à *Sangha*,
Percebe, com visão clara,
    As Quatro Verdades Nobres:
        Sofrimento,
        Início do sofrimento,
        Superação do sofrimento
        E o Caminho Óctuplo
        Que conduz ao fim do sofrimento.
Esse é o refúgio seguro,
    O refúgio supremo.
Buscá-lo
    É libertar-se de todas as formas de sofrimento. (190-192)*

É difícil encontrar uma pessoa nobre;
    Pessoas assim não nascem em todos os lugares.
Quando um sábio nasce,
    A família floresce em felicidade. (193)

Feliz é o advento dos budas;
    Feliz é o ensino do verdadeiro *Dharma*;
Feliz é a harmonia da *Sangha*;
    Feliz é a prática ardente dos que vivem em harmonia. (194)*

O mérito de reverenciar quem é digno de reverência,
  Seja buda ou discípulo
    Que transcendeu seu pensamento obsessivo,
    Deixou para trás a dor e o sofrimento,
    Já nada tendo a temer,
Não pode ser avaliado por nenhum critério. (195-196)*

15

Felicidade

Ah, vivemos muito felizes
    Sem ódio em meio a pessoas que odeiam!
Entre pessoas que odeiam,
    Vivemos sem ódio. (197)*

Ah, vivemos muito felizes
    Sem avareza em meio a pessoas avarentas!
Entre pessoas avarentas,
    Vivemos sem avareza. (198)

Ah, vivemos muito felizes
    Sem ambição em meio a pessoas ambiciosas!
Entre pessoas ambiciosas,
    Vivemos sem ambição. (199)*

Ah, vivemos muito felizes,
    Nós, que não temos apegos!
Festejemos alegremente
    Como fazem os Deuses Irradiantes. (200)*

A vitória gera o ódio;
    O vencido dorme angustiado.
Renunciando à vitória e à derrota,
    Os que conquistaram a paz dormem felizes. (201)

Não há fogo como a luxúria,
    Não há infortúnio como o ódio,
Não há sofrimento como os agregados,
    Não há felicidade maior que a paz. (202)*

A fome é a pior das doenças;
    Os *saṅkhāras* são o pior dos sofrimentos.
Para quem sabe realmente isso,
    O Nirvana é a maior das felicidades. (203)*

A saúde é a melhor das posses,
    O contentamento é a maior das riquezas,
A confiança é o maior dos afetos
    E o Nirvana é a maior das felicidades. (204)

Degustando o sabor
    Da solidão e da paz,
O homem fica livre do sofrimento e do mal,
    Bebendo o sabor da alegria do *Dharma*. (205)

É bom encontrar-se com os nobres;
    Sua companhia é sempre um deleite.
Longe da vista dos tolos,
    Seremos perpetuamente felizes. (206)

Quem procurar o convívio dos tolos
    Se lamentará por muito, muito tempo.
Conviver com tolos é penoso
    Como conviver com inimigos.
A companhia dos sábios é agradável,
    Como é agradável a dos parentes. (207)

Segue, pois,
Uma pessoa boa, inteligente,
    Sábia, perspicaz, douta,
    Entregue à virtude, ao dever, à nobreza,
Como a lua segue o caminho das estrelas. (208)

16

Coisa Valiosa*

Praticando o que não deve,
Não praticando o que deve,
Desistindo do objetivo,
Apegando-se a uma coisa valiosa,
A pessoa chega a invejar quem pratica. (209)*

Não te envolvas
Com aquilo que desejas ou desdenhas.
Não ver o que desejas é sofrer,
Como sofrer é ver o que desdenhas. (210)*

Portanto, não transformes nada
Em objeto de desejo,
Pois então sofrerás ao perdê-lo.
Quando não se deseja nem se desdenha,
Não há laços. (211)

O desejo gera o sofrimento;
    O desejo gera o medo.
Para quem se libertou do desejo,
    Não há medo nem sofrimento. (212)

O afeto gera o sofrimento;
    O afeto gera o medo.
Para quem se libertou do afeto,
    Não há sofrimento.
    (E de onde viria o medo?) (213)

A paixão gera o sofrimento;
    A paixão gera o medo.
Para quem se libertou da paixão,
    Não há sofrimento.
    (E de onde viria o medo?) (214)

A sensualidade gera o sofrimento;
    A sensualidade gera o medo.
Para quem se libertou da sensualidade,
    Não há sofrimento.
    (E de onde viria o medo?) (215)

O desejo gera o sofrimento;
    O desejo gera o medo.
Para quem se libertou do desejo,
    Não há sofrimento.
    (E de onde viria o medo?) (216)

As pessoas valorizam
Aquele que faz seu trabalho,
É perfeito em virtude e visão,
Firmou-se no *Dharma*
E fala a verdade. (217)

Quem aspira ao Indescritível,
Tem a mente aberta
E o coração livre de desejos sensuais,
É chamado "o que renascerá na nascente". (218)*

Parentes, amigos e companheiros
Se rejubilam
Quando a pessoa há muito tempo ausente
Retorna de longe.
Assim também, quando passamos deste mundo para o próximo,
O mérito que conquistamos
Nos recebe
Como a família recebe o parente querido que regressa. (219-220)

17

Cólera

Renuncia à cólera, renuncia à inveja,
Rompe todos os grilhões.
Não há sofrimento para quem não tem nada
E não se apega ao corpo e mente. (221)*

Aquele que sustém prontamente a cólera,
Como aquele que controla a carroça,
Chamo de cocheiro.
Os outros apenas seguram as rédeas. (222)

Domina a cólera com a serenidade;
Domina a maldade com a bondade;
Domina a cupidez com a liberalidade,
Domina a mentira com a verdade. (223)

Quem fala a verdade,
Não se encoleriza
E dá quando lhe pedem, embora tenha pouco,
Esse chega à presença dos deuses. (224)

Os sábios que não causam danos
    E têm o domínio constante do corpo
Vão para o estado imóvel,
    Onde não sofrem. (225)*

Daquele que está sempre desperto,
    Que se adestra dia e noite,
    Que busca o Nirvana,
As toxinas desaparecem. (226)*

Antigo é este [ditado], ó Atula,
    Não é novo:
        Criticam o que se senta em silêncio,
        Criticam o que fala muito,
        Criticam o que fala com moderação.
        Ninguém no mundo está livre de críticas. (227)*

Não existe pessoa
    Que nunca tenha sido, seja ou vá ser
    Apenas criticada
    Ou apenas elogiada. (228)

Quem terá suficiente valor para encontrar defeito
    Naquele que é como uma moeda do mais fino ouro,
        Irrepreensível na conduta,
        Inteligente,
        Dotado de percepção e virtude,
        Gabado pelos sábios depois de longo exame?
Uma pessoa assim é gabada até pelos deuses,
    Até por Brahmā. (229-230)*

Guarda-te da cólera que assoma em teu corpo;
    Domina teu corpo.
Não te conduzas mal fisicamente,
    Dirige bem teu corpo. (231)

Guarda-te da cólera que assoma em tua fala;
    Domina tua fala.
    Não te conduzas mal verbalmente,
    Dirige bem tua fala. (232)

Guarda-te da cólera que assoma em tua mente;
    Domina tua mente.
Não te conduzas mal mentalmente,
    Dirige bem tua mente. (233)

O sábio é contido de corpo,
    Contido de fala,
Contido de mente.
    É contido por inteiro. (234)

18

Corrupção

És agora como uma folha amarelecida;
 Os comparsas de Yama rondam teus passos.
Estás postado às portas da morte
 Sem provisões para a jornada.
Faze uma ilha para ti mesmo.
 Age depressa. Sê prudente.
Sem mácula, sem corrupção,
 Entrarás no reino divino das criaturas nobres. (235-236)*

Estás agora no termo da vida,
 Pronto para comparecer à presença de Yama
Sem local de repouso ao longo da jornada,
 E sem provisões.
Faze uma ilha para ti mesmo.
 Age depressa. Sê prudente.
Sem mácula, sem corrupção,
 Não mais nascerás nem envelhecerás. (237-238)*

Como o ourives faz à prata,
A pessoa sábia,
Aos poucos,
Fragmento por fragmento,
Momento a momento,
Remove as impurezas de si mesma. (239)

Como a ferrugem corrói
O próprio ferro que a formou,
Assim as transgressões mergulham
O transgressor em estados de aflição. (240)*

Os ensinamentos orais se corrompem quando não recitados,
As casas se corrompem pela inatividade,
A indolência corrompe a beleza [física],
A negligência corrompe a vigilância. (241)

A má conduta é corrupção na pessoa;
A cupidez é corrupção naquele que dá.
Traços maus ameaçam os corruptos
Neste mundo e no próximo. (242)*

Mais corrupta ainda
É a ignorância, a maior das corrupções.
Abandonai-a, ó monges,
Ficai livres dela! (243)

Fácil é a vida
Para o homem sem consciência,
Espalhafatoso como um corvo,
Impertinente, falso, descuidado e corrupto.

Difícil é a vida
    Para o homem com consciência,
    Sempre em busca do que é puro,
    Lúcido, sincero, cauteloso e imaculado. (244-245)

Arranca as próprias raízes,
    Aqui neste mesmo mundo,
Aquele que mata, mente, rouba,
    Vai para outra esposa
Ou se entrega à bebida e aos tóxicos. (246-247)*

Bom homem, fica sabendo disto:
    Os traços do mal são infatigáveis!
Não permitas que a cobiça e os erros
    O oprimam com um sofrimento infindável. (248)

Conforme sua fé,
    Conforme o que lhes apraz,
As pessoas se mostram caridosas.
    A ser assim,
Se fores invejoso
    Da comida e da bebida [dadas] a outros,
Não alcançarás o *samādhi*
    Nem de dia nem de noite.
Mas se abolires, desenraizares e jogares fora
    Esse [estado invejoso],
Alcançarás o *samādhi*
    De dia ou de noite. (249-250)*

Não há fogo como a luxúria,
    Não há grilhão como o ódio,
Não há armadilha como a ilusão,
    Não há rio como o desejo. (251)

É fácil ver os defeitos alheios,
    É difícil ver os defeitos próprios.
Passam-se os defeitos alheios como numa peneira
    E escondem-se os defeitos próprios,
    Como o trapaceiro esconde um mau lance de dados. (252)

Aquele que se ocupa dos defeitos alheios
    E constantemente recorre à ofensa,
Alimenta suas toxinas
    Em vez de as destruir. (253)

Não há caminhos no espaço;
    Não há contemplativos fora [do caminho do Buda].
As pessoas se enamoram de pensamentos obsessivos,
    Dos quais os *tathāgatas* estão livres. (254)*

Não há caminhos no espaço;
    Não há contemplativos fora [do caminho do Buda].
As coisas criadas não são eternas,
    Nenhuma agitação existe para os budas. (255)*

19

O Justo*

Não é justo
  Quem julga apressadamente.
O homem prudente examina
  O que é certo e o que não é.
Guiando os outros sem violência,
  Imparcialmente, e de acordo com o *Dharma*,
É chamado guardião do *Dharma*,
  Inteligente e justo. (256-257)*

Ninguém é sábio
  Só por falar demais.
O homem pacífico, sem ódio e sem medo,
  É chamado sábio. (258)

Ninguém cultiva o *Dharma*
  Só por falar demais.
Depois de ouvir mesmo um pouco,
  Se perceber o *Dharma* com seu próprio corpo
E nunca negligenciar o *Dharma*,
  É, então, um cultor do *Dharma*. (259)

Cabelos encanecidos
　　Não transformam o homem num sábio.
Quem só amadurece em anos
　　É chamado "um velho tolo".
Só por meio da verdade,
　　Do *Dharma*, da mansidão, do comedimento, do autocontrole
É que o homem, purgado de impurezas,
　　Pode ser chamado "um sábio". (260-261)

Não é pela conversa ou pela boa aparência
　　Que a pessoa invejosa, mesquinha e pérfida
Adquire um bom caráter.
　　Mas com tudo isso abolido, desenraizado e destruído,
A pessoa sábia e purgada de defeitos
　　É chamada "um bom caráter". (262-263)*

Não é pela cabeça raspada
　　Que o desonesto e indisciplinado
Se torna um renunciante.
　　Como alguém cheio de desejos e cobiça
　　Poderia ser um renunciante?
Aquele que pacificou o mal,
　　Pequeno ou grande,
　　De todas as maneiras,
Esse é considerado um renunciante. (264-265)

Um homem não é mendicante
　　Só porque pede a outros.
Um homem não se torna mendicante
　　Só por assumir maneiras domésticas.

Mas aquele que põe de lado
    Tanto o mérito quanto o mal,
Vive vida casta
    E vai pelo mundo descontraidamente,
Esse é considerado um mendicante. (266-267)*

Não é pelo silêncio
    Que o tolo se torna sábio.
A pessoa sábia que,
    Como se empunhasse uma régua,
Escolhe o bem e repudia o mal,
    Essa é considerada sábia.
Quem consegue medir esses dois lados do mundo,
    Esse é considerado um sábio. (268-269)*

Não é por prejudicar seres vivos
    Que a pessoa é nobre.
Quem não prejudica nenhum ser vivo,
    Esse é considerado nobre. (270)

Não é pela virtude
    Ou prática religiosa,
    Grande conhecimento,
    Conquista do *samādhi*,
    Solidão
    Ou o pensamento: "Alcancei a felicidade
        Da renúncia, desconhecida da gente comum"
Que podes, ó monge, ficar seguro.
    Antes, é preciso destruir as toxinas. (271-272)*

20

O Caminho

O melhor caminho é o [Caminho] Óctuplo;
A melhor verdade são as Quatro [Verdades Nobres].
A melhor qualidade é a impassibilidade
E o melhor entre deuses e humanos
É aquele que tem olhos para ver.

Esse é o caminho
Para purificar a visão; outro não há.
Segue-o
E confundirás Māra.
Segue-o
E porás termo ao sofrimento.
Esse é o caminho que tenho proclamado
Após extrair as flechas. (273-275)*

Cabe a ti fazer o esforço necessário;
Os *tathāgatas* só te dão as instruções.
Seguindo o caminho, os que se absorvem na meditação
Se verão livres dos laços de Māra. (276)*

"Todas as coisas criadas são passageiras."
Vendo isso com clareza,
A pessoa fica desiludida com o sofrimento.
Esse é o caminho da pureza. (277)*

"Todas as coisas criadas são dolorosas."
Vendo isso com clareza,
A pessoa fica desiludida com o sofrimento.
Esse é o caminho da pureza. (278)*

"Todas as coisas são não eu."
Vendo isso com clareza,
A pessoa fica desiludida com o sofrimento.
Esse é o caminho da pureza. (279)*

Inativa quando deveria ser ativa,
Preguiçosa, [embora] jovem e forte,
Insegura nas decisões,
Uma pessoa assim indolente e letárgica
Não encontra o caminho da percepção. (280)*

Cuidadoso ao falar e contido ao pensar,
Não faças nada de canhestro com teu corpo.
Purifica esses três cursos de ação,
Segue o caminho ensinado pelos sábios. (281)

A sabedoria brota da prática [espiritual];
Sem a prática, ela degenera.
Ciente desse caminho de mão dupla para o ganho e a perda,
Conduze-te de modo a fomentar a sabedoria. (282)*

Abate a floresta [do desejo], essas árvores [irreais].
Da floresta [do desejo] nasce o medo.
Após abater a floresta e o mato rasteiro,
Ó monges, ficai desmatados [do desejo]. (283)*

Enquanto a mais insignificante moita do desejo
Entre o homem e a mulher não for cortada,
A mente continuará presa
Como o bezerro à teta da mãe. (284)

Elimina o apego ao eu
Como se esmagasses um lírio de outono na mão.
Cultiva o caminho da paz,
O Nirvana ensinado pelo Que-Bem-Foi. (285)*

"Aqui viverei durante a estação chuvosa,
Durante o inverno e o verão."
Assim pondera o tolo,
Ignaro do risco.
Intoxicado por filhos e rebanhos,
Esse viciado
É tragado pela Morte
Como a aldeia sonolenta pela inundação. (286-287)

Filhos, pais e parentes
Não são uma proteção.
Para quem está nas garras da Morte,
Os parentes não são uma proteção.
Ciente disso,
A pessoa sábia, retida pela virtude,
Deve logo abrir caminho
Para o Nirvana. (288-289)*

21

Miscelânea

Se, em troca de uma felicidade menor,
    A pessoa experimentasse uma felicidade maior,
O sábio poria de lado a menor
    Em proveito da maior. (290)*

Os quc buscam a própria felicidade
    Infligindo sofrimento aos outros
Estão presos à hostilidade
    E dela não se libertam. (291)

As toxinas se multiplicam
    No insolente e descuidado
Que não faz o que deveria fazer
    E faz o que não deveria.
As toxinas, porém, desaparecem
    Naquele que é prudente e vigilante,
Que está constantemente atento
    E tem consciência do corpo.
Esse não faz o que não deve,
    E só no que deve persiste. (292-293)

Depois de eliminar
    Mãe, pai,
    Dois reis guerreiros,
    Um reino e seus súditos,
O *brahmin*, imperturbável, segue adiante. (294)*

Depois de eliminar
    Mãe, pai,
    Dois reis sapientes
    E um tigre,
O *brahmin*, imperturbável, segue adiante. (295)*

Sempre plenamente despertos
    Estão os discípulos de Gautama,
Os quais, constantemente, dia e noite,
    Nunca se esquecem do Buda. (296)

Sempre plenamente despertos
    Estão os discípulos de Gautama,
Os quais, constantemente, dia e noite,
    Nunca se esquecem do *Dharma*. (297)

Sempre plenamente despertos
    Estão os discípulos de Gautama,
Os quais, constantemente, dia e noite,
    Nunca se esquecem da *Sangha*. (298)*

Sempre plenamente despertos
    Estão os discípulos de Gautama,
Os quais, constantemente, dia e noite,
    Nunca se esquecem do corpo. (299)

Sempre plenamente despertos
    Estão os discípulos de Gautama,
Os quais, constantemente, dia e noite,
    Se deleitam na mansidão. (300)

Sempre plenamente despertos
    Estão os discípulos de Gautama,
Cujas mentes, dia e noite,
    Se deleitam na prática [espiritual]. (301)*

Sair [para o relento] é difícil – não dá prazer.
    A vida doméstica é difícil – só traz sofrimento.
Viver com quem pensa de maneira diferente é penoso.
O viajante está sujeito a tribulações.
    Portanto, não sejas um viajante
E não te submetas ao sofrimento. (302)*

As pessoas dotadas
    De fé, virtude, bom nome e fortuna
São respeitadas
    Aonde quer que vão. (303)

De longe, as boas pessoas cintilam
    Como os cumes do Himalaia.
De perto, as pessoas más desaparecem
    Como flechas disparadas na noite. (304)

Sentada sozinha, dormindo sozinha, caminhando sozinha,
    Incansável e distante de todos,
A pessoa que se dominou
    Encontra deleite na floresta. (305)

22

Inferno

Os que não dizem a verdade vão para o inferno
    Como os que negam o que fizeram.
Ambos, agindo mal, se tornam iguais
    Depois da morte, no mundo do além. (306)

Muitos dos que envergam o manto cor de açafrão
    Têm maus traços e não se dominam.
Por causa de suas más ações essa gente perversa
    Renasce no inferno. (307)*

Melhor engolir uma bola de ferro incandescente
    Do que ser imoral e sem freios,
Vivendo das esmolas do povo. (308)*

Quatro consequências advêm para o descuidado
Que se deita com a esposa de outro:
Demérito,
Sono inquieto,
Desgraça
E inferno.
Para o casal assustado,
O deleite é breve.
[Em seguida vêm]
O demérito,
O renascimento num estado mau
E a dura punição do rei.
Assim, não se deve deitar com a esposa de outro. (309-310)*

Assim como a grama *kusa* corta a mão
De quem a segura de mau jeito,
Assim a vida do renunciante, se ele não a souber segurar,
Arrasta-o para o inferno. (311)

Um ato negligente, uma prática corrupta
Ou uma vida casta vivida dubiamente
Não dão muitos frutos. (312)*

Com esforço constante,
Deve a pessoa fazer o que deve ser feito,
Pois o renunciante negligente só consegue
Levantar mais poeira. (313)*

A ação insensata deve ser evitada,
Pois mais tarde atormenta a pessoa.
A ação sensata deve ser praticada,
Pois não traz arrependimento. (314)

Assim como a cidade fortificada
　　É protegida por dentro e por fora,
Protege-te a ti mesmo.
　　Não percas um instante sequer.
Os que deixam passar o instante
　　Choram quando descem para o inferno. (315)

Envergonhados do que não é vergonhoso
　　E não envergonhados do que o é,
Os que tomam atitudes erradas
　　Amargam um mau renascimento. (316)*

Vendo perigo no que não é perigoso
　　E não vendo perigo no que o é,
Os que tomam atitudes erradas
　　Amargam um mau renascimento. (317)*

Encontrando defeito no que não é defeituoso
　　E não encontrando defeito no que o é,
Os que tomam atitudes erradas
　　Amargam um mau renascimento. (318)

Mas, sabendo que o defeituoso é defeituoso
　　E o perfeito é perfeito,
Os que tomam atitudes certas
　　Gozam um bom renascimento. (319)

23

O Elefante

Como um elefante no campo de batalha
    Resiste à seta disparada pelo arco,
Assim deves resistir às ofensas,
    Pois muitas pessoas carecem de virtude. (320)

O elefante domado é o que
    Se mistura à multidão.
O elefante domado é aquele
    Que o rei monta.
Superior entre os homens é o domado
    Que suporta ofensas verbais. (321)

Excelentes são as mulas domadas,
    Os puros-sangues, cavalos do vale do Indo,
Elefantes grandes, de longas presas.
    Porém, mais excelentes
São as pessoas que a si mesmas se domaram.

Com esses animais não pode a pessoa
  Ir para o ínvio local
Aonde o homem autodomado vai
  Graças a seu eu disciplinado e bem domado. (322-323)*

O elefante chamado Dhanapālaka
  É difícil de controlar quando no cio;
Se amarrado, nem mesmo come,
  Lembrando a floresta dos elefantes. (324)*

O tolo preguiçoso e glutão
  Que vive dormindo e se espojando
Como um porco gordo, refestelado,
  Nasce repetidas vezes. (325)*

No passado, esta mente vagueava
  Por onde queria, como queria, quando queria.
Agora a vou refrear sabiamente
  Como o treinador refreia o elefante no cio. (326)*

Deleita-te na vigilância.
  Protege tua mente.
Sai do mau caminho
  Como o elefante sai da lama. (327)

Se encontrares um amigo inteligente,
  Um companheiro de viagem,
  Um sábio de boa conduta,
Viaja com ele,
  Feliz e atento,
  Superando todos os perigos. (328)

Se não encontrares um amigo inteligente,
    Um companheiro de viagem,
    De boa conduta e sábio,
Viaja sozinho
    Como um rei que renuncia ao reino conquistado,
    Como o elefante Matanga na floresta. (329)*

Não se faz amizade com um tolo;
    Melhor é caminhar sozinho.
Viaja sozinho, à vontade, sem fazer o mal,
    Como o elefante Matanga na floresta. (330)

A felicidade consiste em ter amigos em caso de necessidade.
    A felicidade é o contentamento com as coisas como são.
A felicidade é o mérito ao final da vida da pessoa.
    A felicidade é o abandono de todo sofrimento.
No mundo, felicidade é o respeito à mãe
    E ao pai.
No mundo, felicidade é o respeito aos renunciantes
    E aos *brahmins*.
A felicidade é a virtude que persiste na velhice.
    A felicidade é a fé inabalável.
A felicidade é a conquista da sabedoria.
    A felicidade é a abstenção do mal. (331-333)

24

Desejo

O desejo da pessoa que vive negligentemente
    Espalha-se como as rijas cepas da vinha.
Essa pessoa vive saltando para a frente
    Como o macaco em busca de frutos na floresta. (334)*

A tristeza cresce
    Como a relva após a chuva
Para a pessoa dominada por esse desejo vil
    E apegada ao mundo. (335)*

A tristeza se vai
    Como gotas de água de uma flor do lótus
Para a pessoa que domina esse desejo vil
    E não se apega ao mundo. (336)

Uma coisa vos digo:
    Boa sorte a todos quantos aqui vos reunis!
    Arrancai as raízes do desejo
        Como arrancaríeis as olorosas raízes da relva *bīrana*.
    Não permitais que Māra vos destrua repetidas vezes
        Como o rio turbulento [destrói] o junco. (337)

Assim como a árvore cortada cresce novamente,
    Se as raízes estiverem intactas e fortes,
Assim o sofrimento brota incessantemente
    Até as raízes do desejo serem arrancadas. (338)

Com os trinta e seis fluxos [do desejo]
    Fluindo vigorosamente para as coisas agradáveis,
A pessoa de más atitudes
    É arrebatada pelas correntes da luxúria. (339)*

As correntes fluem por toda parte;
    A trepadeira [do desejo] brota e adere.
Vendo que a trepadeira brotou,
    Usa o tirocínio para cortá-la pela raiz. (340)

Quando o desejo flui,
    O prazer surge.
Aferrados à felicidade, buscando o gozo,
    As pessoas se sujeitam ao nascimento e à velhice. (341)

Cercadas pelo desejo,
    As pessoas correm à volta como lebres assustadas.
Atadas por cordas e grilhões,
    Sofrem, repetidamente, por longo tempo. (342)

Cercadas pelo desejo,
    As pessoas correm à volta como lebres assustadas.
Buscando a não paixão,
    O monge deve ignorar o desejo. (343)

[Embora] livre da mata rasteira
    E longe da floresta,
Quem à floresta se apega
    Corre de volta para ela.
Vede este homem livre
    Correr de volta para a servidão! (344)*

O laço forte, diz o sábio,
    Não é feito de ferro, madeira ou erva.
O laço forte, diz o sábio,
    É feito de cobiça por joias e ornamentos
    E anseio por filhos e esposa –
        Esse laço é pesado, elástico e difícil de desatar.

Depois de cortá-lo, uns partem
    Livres do anseio, abandonando os prazeres sensuais.
Os que se apegam à paixão
    São apanhados num rio [de sua própria criação]
    Como a aranha presa à própria teia.
Depois de cortá-lo, o sábio parte
    Livre do anseio, abandonando todo sofrimento. (345-347)*

Esquece o passado, esquece o futuro,
    Esquece o presente.
Ultrapassando o vir a ser,
    Com a mente liberta de todas as maneiras,
Não mais te submetas ao nascimento e à velhice. (348)*

Nas pessoas
    Que têm pensamentos agitados,
    Paixão intensa
    E apego às coisas agradáveis,
O desejo aumenta mais e mais.
    Elas mesmas reforçam seus grilhões.

Mas as pessoas
    Que se deleitam em serenar seus pensamentos,
Estão sempre atentas
    Para o que não é agradável,
Põem fim [ao desejo]
    E rompem os laços de Māra. (349-350)*

Sem medo, livre do desejo e sem mácula,
    Tendo atingido a meta
E destruído as flechas do vir a ser,
    A pessoa está em seu último corpo. (351)*

A pessoa livre do desejo e do apego,
    Hábil no uso das palavras,
Ciente da ordem dos ensinamentos –
    O que vem antes e o que vem depois –,
É chamada "grande pessoa, de muita sabedoria,
    Em seu último corpo". (352)*

"Venci tudo, tudo conheço,
    Nada me macula.
A tudo renunciei,
    De tudo me libertei pela destruição do desejo,
    Aprendi tudo diretamente por meus próprios meios –
A quem escolheria [para meu mestre]?" (353)*

O dom do *Dharma* vale mais que todos os dons.
O sabor do *Dharma* supera todos os sabores.
O deleite do *Dharma* é maior que todos os deleites.
A destruição do desejo vence todas as formas de
sofrimento. (354)

A riqueza destrói os que não têm sabedoria,
Mas não os que buscam o além.
Desejando a riqueza, os que não têm sabedoria
Destroem-se a si mesmos
E aos outros. (355)

A erva daninha é a ruína dos campos,
A paixão é a ruína dos seres humanos.
Assim, oferendas aos que estão livres da paixão
Dão bons frutos. (356)

A erva daninha é a ruína dos campos,
A malevolência é a ruína dos seres humanos.
Assim, oferendas aos que estão livres da malevolência
Dão bons frutos. (357)

A erva daninha é a ruína dos campos,
A ilusão é a ruína dos seres humanos.
Assim, oferendas aos que estão livres da ilusão
Dão bons frutos. (358)

A erva daninha é a ruína dos campos,
O desejo é a ruína dos seres humanos.
Assim, oferendas aos que estão livres do desejo
Dão bons frutos. (359)

25

O *Bhikkhu**

Conter o olho é bom,
    Bom é conter o ouvido.
Conter o nariz é bom,
    Bom é conter a língua.
Conter o corpo é bom,
    Bom é conter a fala.
Conter a mente é bom,
    Bom é conter-se em todas as circunstâncias.
Contido em todas as circunstâncias,
    O *bhikkhu* está livre de todos os sofrimentos. (360-361)*

Aquele que tem
    As mãos contidas,
    Os pés contidos,
    A fala contida,

Que se destaca entre os que mais se contêm,
    Feliz no íntimo,
    Sereno
    E contente,
Esse é chamado um *bhikkhu*. (362)

Doce é a fala do *bhikkhu*,
    Que refreia
        A língua,
        Fala com ponderação,
        Não é vaidoso
        E ilumina o ensinamento e a meta. (363)*

O *bhikkhu*
    Que se apoia no *Dharma*,
    Que se deleita no *Dharma*,
    Que reflete no *Dharma*,
    Que evoca o *Dharma*
Não se afasta do verdadeiro *Dharma*. (364)

Não se deve desprezar o que se ganhou
    Nem invejar os outros.
O mendicante que inveja os outros
    Não se concentra. (365)

Os deuses honram o mendicante
    Que se mostra puro e infatigável,
Que não despreza o que ganhou
    Ainda que pouco haja ganhado. (366)

Quem não toma por "meu"
O que pertence ao corpo e mente
Nem sofre pelo que não existe
É, de fato, um *bhikkhu*. (367)*

O *bhikkhu* que cultiva a delicadeza
E se deleita nos ensinamentos do Buda
Alcança a felicidade, o cessar das formações
E o estado de paz. (368)

Bhikkhu, tira a água dessa barca.
Vazia, ela se moverá depressa para ti.
Eliminando a paixão e a aversão,
Irás para o Nirvana. (369)

Corta os cinco [laços inferiores];
Esquece os cinco [laços superiores]
E, acima de tudo, cultiva as cinco [faculdades].
O *bhikkhu* que rompe os quatro apegos
É chamado "alguém que cruzou a corrente". (370)*

Bhikkhu, absorve-te em meditação;
Não sejas negligente;
Não permitas que tua mente revoe
Impelida por desejos sensuais.
Não sejas negligente, engole uma bola de ferro [derretida]
E, depois de queimado, grita bem alto:
"Isto é sofrimento!" (371)

Não há absorção na meditação
    Para quem não tem percepção.
Não há percepção
    Para quem não se absorve na meditação.
Com as duas coisas,
    O homem está perto do Nirvana. (372)*

Para o *bhikkhu* de mente pacífica,
    Que penetra numa casa vazia
E vê claramente o verdadeiro *Dharma*,
    Há uma alegria sobre-humana. (373)*

Atentando bem
    Para o surgimento e desaparecimento dos *khandhas*,
O homem alcança alegria e deleite.
    Para quem sabe, isso é o Imortal. (374)*

O ponto de partida para o *bhikkhu* criterioso
    É vigiar os sentidos,
    Alegrar-se,
    Conformar-se às regras monásticas
    E conviver com bons amigos espirituais
        Que se mostram puros e infatigáveis. (375)

Aquele que é amistoso por hábito
    E ponderado na conduta,
Muito se deleitará
    E porá fim ao sofrimento. (376)

Assim como o jasmineiro se livra das flores secas,
    Os *bhikkhus* se livram da paixão e da aversão. (377)

Pacífico no corpo, pacífico na fala,
O *bhikkhu* sereno e concentrado,
Que ignorou os atrativos do mundo,
É chamado "o que está em paz". (378)*

Admoesta-te,
Controla-te.
Ó *bhikkhu* autoprotegido e alerta,
Tu viverás alegremente! (379)

O próprio homem, com efeito, é seu protetor.
O próprio homem, com efeito, [faz] o seu destino.
Portanto, controla-te
Como o mercador controla o bom cavalo. (380)

O *bhikkhu* cheio de alegria,
Contente com os ensinamentos do Buda,
Alcança a felicidade, a serenidade
E o estado de paz. (381)

Fiel aos ensinamentos do Buda,
Até um *bhikkhu* jovem
Pode iluminar este mundo
Como a lua
Ao sair das nuvens. (382)

26

O *Brahmin**

Esforça-te para interromper o fluxo.
  Ó *brahmin*, ignora o desejo sexual!
Ciente do fim de todas as coisas criadas,
  Tu, *brahmin*, conhecerás o Incriado. (383)

Quando, com tranquilidade e percepção,
  O *brahmin* alcança a outra margem,
Então, para esse "conhecedor",
  Todos os laços se rompem. (384)*

Àquele que está desligado
  E livre da aflição,
E para quem não existe um "além", um "não além"
  Ou um "além-e-não-além",
A esse chamo *brahmin*. (385)*

Àquele que está sentado,
    Absorto em meditação,
    Após fazer o que tinha de ser feito,
    Livre de contágios,
    E que atingiu a meta mais alta,
A esse chamo *brahmin*. (386)

O sol brilha de dia.
    A lua brilha de noite.
O guerreiro brilha em sua armadura.
    O *brahmin* brilha absorto na meditação.
Mas, de dia e de noite,
    O Buda brilha em esplendor. (387)

Quem baniu o mal
    É chamado *brahmin*.
Quem vive pacificamente
    É chamado renunciante.
Quem se livrou das próprias impurezas
    É chamado "aquele que partiu". (388)*

Não se deve agredir um *brahmin*
    E um *brahmin* não deve dar largas [à ira].
Vergonha é agredir um *brahmin*
    E maior vergonha é dar largas [à ira]. (389)*

Para o *brahmin*, nada é melhor
    Que desviar a mente
Daquilo que ela almeja.
    Sempre que a pessoa se desvia do intento de ferir,
O sofrimento é evitado. (390)*

Àquele que não pratica o mal
Com o corpo, a fala e a mente,
Refreando-se nessas três áreas,
A esse chamo *brahmin.* (391)

Assim como o *brahmin* cultua o fogo ritual,
O homem deve respeitosamente cultuar
Aquele de quem pode aprender
O *Dharma* do Plenamente Autodesperto. (392)*

Nem pelo cabelo emaranhado, nem pelo clã,
Nem pelo nascimento a pessoa se torna um *brahmin.*
Aquele em que existe a verdade e o *Dharma*
É o puro, o *brahmin.* (393)

Tolo! Para que o cabelo emaranhado?
Para que o manto de camurça?
A selva espessa está dentro de ti,
Tu só por fora te enfeitas! (394)

Um homem vestido de andrajos,
Magro, com as veias à mostra,
Solitário na floresta, absorto em meditação,
A esse chamo *brahmin.* (395)

A ninguém chamo *brahmin*
Por ter nascido no ventre de uma mãe.
Quem possui alguma coisa,
A esse chamo "vaidoso".
Quem não tem nada e a nada se apega,
A esse chamo *brahmin.* (396)*

Àquele que rompeu todos os laços,
  Que não treme,
Está livre e para além de todos os apegos,
  A esse chamo *brahmin*. (397)*

Àquele que, desperto, rompeu
  As correias, a trela, a corda e as rédeas,
E se livrou da trave,
  A esse chamo *brahmin*. (398)*

Àquele que suporta a ofensa, a agressão e a prisão
  Sem animosidade,
Tendo a paciência por força,
  Qual se fora seu exército,
A esse chamo *brahmin*. (399)

Quem não tem ira nem desejo,
  Cultiva a prática espiritual e a virtude,
É autocontrolado e está no último corpo,
  A esse chamo *brahmin*. (400)*

Como a água numa folha de lótus,
  Ou uma semente de mostarda na ponta de uma sovela,
É o homem que não se apega ao desejo sensual,
  A esse chamo *brahmin*. (401)

Quem conhece, aqui mesmo,
  O fim do sofrimento,
Não tem encargos nem vínculos,
  A esse chamo *brahmin*. (402)

Quem é sábio,
Dotado de percepção profunda,
Capaz de identificar qual é e qual não é o caminho
E alcançou a meta suprema,
A esse chamo *brahmin.* (403)

Quem não está envolvido
Com familiares e renunciantes,
Não tem lar nem muitos desejos,
A esse chamo *brahmin.* (404)*

Quem renunciou à violência
Contra seres tímidos ou agressivos,
Quem não mata nem faz os outros matarem,
A esse chamo *brahmin.* (405)*

Quem não se opõe entre os que se opõem,
É pacífico entre os belicosos,
Não se apega entre os que se apegam,
A esse chamo *brahmin.* (406)*

Quem se desprende da paixão, da aversão,
Da inveja e da hipocrisia,
Como um grão de mostarda da ponta de uma sovela,
A esse chamo *brahmin.* (407)

Quem diz
O que é verdadeiro, instrutivo e delicado,
Que a ninguém ofende,
A esse chamo *brahmin.* (408)*

Quem, neste mundo,
    Não toma o que não lhe foi dado,
Comprido ou curto,
        Grande ou pequeno,
        Belo ou feio,
    A esse chamo *brahmin*. (409)

Quem não anseia
    Nem por este mundo nem pelo outro,
Não tem encargos nem anseios,
    A esse chamo *brahmin*. (410)

Quem não tem vínculos
    E, pela compreensão, se livrou das dúvidas,
Firmando-se no Imortal,
    A esse chamo *brahmin*. (411)*

Quem, aqui, rompeu os laços
    Do mérito e do mal,
Ficou livre da aflição, da sujeira e da impureza,
    A esse chamo *brahmin*. (412)

Quem, como a lua,
    É imaculado, puro, claro e impassível,
E extinguiu em si o deleite pela existência,
    A esse chamo *brahmin*. (413)*

Quem ultrapassou esta vereda atribulada,
    Este caminho difícil, o *samsāra*, a ilusão;
Quem fez a travessia e foi além;
    Quem medita, livre de desejos e dúvidas,
Sem apegos, desligado,
    A esse chamo *brahmin*. (414)*

Quem, renunciando à paixão neste mundo,
Partiu como um "sem lar"
E extinguiu em si a paixão pela existência,
A esse chamo *brahmin*. (415)*

Quem, renunciando ao desejo neste mundo,
Partiu como um "sem lar"
E extinguiu em si o desejo pela existência,
A esse chamo *brahmin*. (416)*

Quem, renunciando à servidão humana,
Foi além da servidão celeste,
Libertando-se de todos os laços,
A esse chamo *brahmin*. (417)

Quem, renunciando ao gosto e à aversão,
Se tornou sereno, sem apegos,
Um herói que venceu o mundo inteiro,
A esse chamo *brahmin*. (418)*

Quem conhece a fundo
A extinção e o ressurgimento dos seres,
É desapegado, lúcido, desimpedido,
A esse chamo *brahmin*. (419)*

O *arahant*, cujo paradeiro é ignorado
Por deuses, *gandhabbas* ou homens,
Cujas toxinas foram eliminadas,
A esse chamo *brahmin*. (420)*

O homem para quem nada existe
Na frente, atrás e no meio,
Que não tem apegos, não tem nada,
A esse chamo *brahmin*. (421)*

O ser excelente – boi,
Herói, grande sábio, conquistador –,
Livre de desejos, puro, desperto,
A esse chamo *brahmin*. (422)

Aquele que
Conhece [suas próprias] vidas anteriores,
Vê tanto os céus quanto as aflições,
Chegou ao termo dos nascimentos,
É sábio, domina o saber superior
E aperfeiçoou todas as perfeições,
A esse chamo *brahmin*. (423)

Posfácio

Sobre o texto

O *Dhammapada* é um dos textos incluídos no cânone do budismo Theravada. Esse rico acervo de escrituras foi dividido em três grandes coletâneas (*tipitaka*, literalmente "três cestos"): o Vinaya Pitaka ("cesto de disciplina"), que trata da disciplina e regras monásticas; o Sutta Pitaka ("cesto de ensinamentos"), que registra lições e discussões do Buda e alguns de seus principais discípulos; e o Abhidhamma Pitaka ("cesto de ensinamentos especiais"), que consiste de análises filosóficas e psicológicas detalhadas das lições contidas no Sutta Pitaka. O Sutta Pitaka, por sua vez, divide-se em cinco coletâneas de textos ou *nikāyas*. O *Dhammapada* é um dos quinze textos pertencentes à coletânea conhecida como o *Khuddaka Nikāya* ou "Seção de Ditos Curtos".

Além de ter seu lugar no cânone Theravada, o *Dhammapada* integra uma família de textos estreitamente relacionados que acabaram por ser conhecidos como "gênero literário Dharmapada" (empregando-se o termo sânscrito), embora o Dhammapada seja o único representante desse gênero que se preservou em páli. Outros membros dessa família pertencentes aos cânones das tradições budistas, além da Theravada, sobreviveram em gandárico, sânscrito, tibetano e chinês. São todos antologias de versos, mas nem sempre apresentam os mesmos poemas nem a mesma ordem de versos e capítulos. Algumas antologias possuem muito mais poemas que o *Dhammapada* páli. A bibliografia fornece referências para algumas obras conservadas dessa família de textos.

Pela existência das várias versões do Dharmapada, podemos concluir que os antigos editores budistas da Índia fizeram muitas dessas antologias de versos, com conteúdo bastante fluido. O processo de selecionar, excluir e dispor os poemas prosseguiu durante um longo período de tempo, nas diversas comunidades budistas. Não se pode determinar qual antologia é a mais antiga e qual serviu de base para as outras. Estudiosos da literatura Dharmapada em geral acreditam que o processo de compilação dos textos teve início muito antes da finalização de qualquer das versões sobreviventes, havendo também um complexo intercâmbio de influências entre as diferentes antologias em fase de composição. Pode bem ser que o trabalho de selecionar e dispor os versos começasse na própria época do Buda ou pouco depois. Os registros que chegaram até nós não revelam quando os textos Dharmapada, incluindo a versão páli, atingiram sua forma atual.

Comentários Theravada posteriores presumem que o *Dhammapada* seja uma coletânea de versos compostos pelo Buda que narram histórias, em sua maioria apócrifas, sobre as ocasiões em que ele teria declamado cada poema. Somente 166 poemas são reproduzidos no Sutta Pitaka e no Vinaya Pitaka (ver apêndice, p. 147). Embora a maioria desses 166 poemas paralelos pretenda reproduzir as palavras do Buda, mais de trinta são atribuídos a seus discípulos ou a um deus. Poderíamos dizer que esses últimos apenas repetem os versos do Buda, ditos numa ou noutra ocasião; todavia, na passagem *sutta*, que contém o poema paralelo ao 383, o Buda louva um deus por essa composição e estimula as pessoas a memorizá-la, não o considerando, portanto, de sua própria autoria (*Samyutta Nikāya*, 1.49-50). Em outra passagem, o Buda explica que os versos do poema 204 do *Dhammapada* não foram compostos por ele, mas já eram correntes na sociedade de seu tempo (*Majjhima Nikāya*, 75.19-21). Além disso, certo número de composições aparece independentemente em fontes indianas não budistas, indicando que foram selecionadas de um corpo mais vasto de poemas em circulação na Índia antiga. Embora a maior parte dos poemas possa mesmo ser atribuída ao Buda, os indícios negam que todos tenham essa autoria. Entretanto, como coletânea selecionada e organizada pelos seguidores do Buda, o *Dhammapada* é útil ao menos por nos ajudar a entender como os antigos indianos apresentavam sua compreensão do modo de ser budista.

Alguns estudiosos tentaram descobrir alguma lógica no arranjo dos poemas e capítulos do *Dhammapada*. Bastante comum é a sugestão de que os dois primeiros poemas aparecem no começo do texto porque enfatizam o papel capital da mente e do comportamento da própria pessoa, princípio básico de todos os outros poemas. Uma lógica mais óbvia seria que muitos dos poemas de cada capítulo (exceto o capítulo 21, "Miscelânea") estão ligados a uma palavra ou conceito específico, representado pelo título do capítulo. Contudo, os poemas de um capítulo podem ter pouco em comum uns com os outros, a não ser por uma ligação, às vezes tênue, com o título. Conforme discutido na Introdução, alguns capítulos parecem vir juntos a fim de apresentar os dois lados de uma dicotomia, por exemplo: o sábio e o tolo, o Buda e o mundo, o desejo e o monge que o superou. À parte isso, pouco ou nada se diz sobre o significado do arranjo dos poemas e capítulos. Em várias versões sânscritas e chinesas dos textos Dharmapada, capítulos e poemas estão dispostos em ordem muito diferente. Por exemplo, os dois primeiros poemas Dhammapada não aparecem senão no meio do trigésimo terceiro capítulo do *Udānavarga* (um dos textos em sânscrito do *Dharmapada*).

Mas a falta de uma lógica ou ordem coerente não significa por si só que o texto páli seja uma coletânea aleatória de peças desencontradas. Sua evolução no tempo revela que vários editores trabalharam o texto na tentativa de exprimir sua compreensão do caminho do Buda. Na medida em que o *Dhammapada* representa uma antologia conscienciosamente elaborada de poemas, o importante é tomar o texto como um todo. Remover qualquer parte do *Dhammapada*, selecionar os versos que achamos inspiradores e eliminar ou reescrever os mais difíceis ou desinteressantes forneceria um quadro distorcido do modo como os antigos budistas encaravam suas vidas e sua prática espiritual.

Ao longo dos séculos, o budismo foi sendo transmitido de boca em boca, de mão em mão. Não importa quanto ele tenha mudado ou evoluído com o tempo, permanece sendo o descendente dos antigos budistas indianos que implantaram a tradição. Traduzi o *Dhammapada* certo de que vale a pena tentar compreender esses ancestrais.

Notas

Os números se referem aos versos. DhpA remete ao *Dhammapada-ṭṭhakathā*, o comentário-padrão tradicional do Theravada ao *Dhammapada*.

As traduções páli entre parênteses seguem os títulos de capítulos em português abaixo.

Capítulo 1. Dicotomias (Yamaka)

Yamaka se traduz usualmente por "pares" ou "gêmeos". Optei por "dicotomias" a fim de realçar o fato de que conceitos pares, neste capítulo e em quase todo o *Dhammapada*, são oposições, como bem e mal, sábio e tolo.

1-2. Os versos iniciais de ambas as estrofes estão entre os mais difíceis de traduzir por causa da ambiguidade dos termos *dhamma* (aqui traduzido por "experiência") e *mano* ("mente"). Na tradicional lista budista dos seis sentidos e seus respectivos objetos (*āyatana*), *mano* se refere ao sexto sentido, à consciência cognitiva, e *dhamma* ao objeto conhecido, que é qualquer coisa na esfera da experiência empírica. *Dhamma* pode também, mais especificamente, aludir aos estados mentais e é assim que aparece em algumas outras traduções inglesas dessas versos.

A expressão "feita pela mente" traduz *manomaya*. Na família das antologias Dharmapada, só o Dhammapada páli a emprega. As demais usam "impelida pela mente" (*manojavā* no Dharmapada Patna). Mesmo o chinês *Fa Jyu Jing*, o Dharmapada mais próximo do texto páli, traz uma palavra que significa "impelida pela mente".

5. *Vera*, que aqui traduzimos por "ódio", também pode significar "inimizade" ou "hostilidade". Não é tão fácil traduzir *avera*, pois em páli o prefixo negativo *a-* se refere tanto à ausência do que está sendo negado quanto a seu contrário. Nas poucas ocorrências de *avera* em outras passagens dos discursos páli do Buda, o termo alude simplesmente à ausência de ódio. DhpA explica que *avera* é a ausência de ódio, bem como a presença de paciência e ternura. Traduzir *avera* por "amor", porém, talvez não faça justiça ao original. (Ver Ivo Fiser, "Pāli averam, Dhammapada 5", em A. K. Narain, org., *Studies in Pali and Buddhism: A Memorial Volume in Honor of Bhikkhu Jagdish Kasyap* [New Delhi: B. R. Publishing], 1979, pp. 93-97.) "Verdade", no último verso, traduz *dhammo*.

6. Não se sabe bem o que significa *yamāmase*, aqui traduzido por "teremos de morrer". Talvez o termo derive da raiz *yam*, "refrear-se". Nesse caso, os dois primeiros versos ficariam assim: "Muitos não percebem que/Devemos nos refrear". Mas, se lermos *yamamase*, a origem pode ser Yama, o nome do governante do reino da morte, e nesse caso significaria "ir à presença de Yama (Morte)". O comentário apoia os dois significados (DhpA, 1.65-66).

7-8. "Apegado ao prazer" é a tradução de *subhānupassim*. Enfocar ou contemplar o desagradável (*asubhānupassiṃ*) é um clássico exercício de atenção usado para superar a luxúria e o apego ao corpo.

9-10. Estes versos contêm um jogo de palavras entre *kāsāva* (o manto amarelo ou ocre do monge budista) e *kasāva* ("corrupção" ou a cor vermelho-amarelada). "Purgou", no verso 10, traduz *vanta*, literalmente "vomitou".

11-12. *Sāra*, aqui "essencial", também significa "excelente".

13-14. "Luxúria" traduz *rāga*, termo às vezes traduzido como "paixão".

17-18. *Duggatiṃ gato* ("renascendo em esferas de sofrimento") significa literalmente "que teve um mau destino". *Sugatiṃ gato* ("renascendo em esferas de bênção", isto é, nos reinos celestiais) é, literalmente, "que teve um bom destino (*sugatiṃ*)". *Gati* ("destinação", "curso") refere-se ao que acontece à pessoa após a morte.

Capítulo 2. Vigilância (Appamāda)

Appamāda também poderia ter sido traduzido por "diligência", "cautela", "atenção". Seria também uma forma de atenção enérgica. DhpA explica que é um sinônimo de "atenção constante". Talvez fosse o caso de traduzi-lo por "atenção".

21. "Imortalidade" (*amata*), sinônimo favorito para o estado de libertação, é uma palavra vigorosa e muito importante na antiga tradição budista. A pessoa que alcança a libertação final fica livre dos ciclos de renascimento. Se ela não renasce, a morte que se segue inevitavelmente ao nascimento não ocorre, podendo-se então dizer que essa pessoa chegou ao estado de imortalidade. No *Dhammapada*, o termo "imortalidade" faz notório contraste com as frequentes referências a Māra, a divindade que traz a morte.

22. As "criaturas nobres" são aquelas que atingiram uma das quatro tradicionais etapas da Libertação ou Despertar: entrada no fluxo, retorno único, não retorno e estado de *arahant*. As pessoas que atingem quaisquer dessas etapas têm em comum a experiência do Nirvana. As etapas se distinguem segundo o grau em que a experiência do Nirvana liberta a pessoa dos grilhões que a prendem ao ciclo dos renascimentos. Um *arahant* (plenamente desperto) está livre de todos os laços e não renascerá. O que se acha na etapa do não retorno, livre de um número suficiente de apegos, não precisará renascer em forma humana; renascerá numa esfera celestial para completar seu processo de libertação. O que se acha na etapa do retorno único conserva vínculos que o obrigam a renascer como ser humano só mais uma vez, antes da libertação final. O que se acha na etapa da entrada no fluxo conserva a maioria dos laços: diz-se que ele entrou no fluxo do *Dharma*, o qual, inevitavelmente, levará à libertação final após no máximo sete existências.

23. "Absorto em meditação" traduz *jhāyino*. Alguns tradutores acham que o termo se limita à prática da *jhāna* (absorção meditativa). Talvez esse seja mesmo o caso aqui, mas para mim a palavra significa também meditação em geral. Minha tradução procurou acomodar os dois significados.

"Descanso [final] das tribulações" traduz *yogakkhema*. *Yoga*, aqui, quer dizer tanto laços/apegos quanto empreendimento/esforço (ver, por exemplo, *Dīgha Nikāya*, 3.230). *Khema* tem também a acepção de "paz", "calma", "segurança". Uma tradução alternativa daria "seguro contra a servidão". Preferi "descanso [final] das tribulações" para realçar o contraste entre o esforço posto na prática descrita anteriormente e o objetivo desse esforço.

25. "Inundação" simboliza o dilúvio de ignorância e desejo que assola a humanidade. Várias listas de "inundações" fornecidas nos discursos do Buda são en-

contradas no cânone páli, sendo a mais comum o apego à sensualidade, ao devir, às ideias adquiridas e à ignorância (*Dhīgha Nikāya*, 3.230).

30. O texto emprega o epíteto um tanto inusitado *Maghavan* (literalmente "o Generoso") com referência a Indra, o rei dos deuses.

Capítulo 3. A mente (citta)

37. *Ekacaram*, que aqui traduzimos por "solitária", significa literalmente "caminhar ou passear sozinho". Recorrendo a teorias budistas posteriores da mente, o comentário de DhpA explica que a consciência ocorre de maneira singular, ou seja, dois estados de consciência não aparecem simultaneamente. Outra explicação possível para a natureza solitária da mente é que a consciência da pessoa não entra em contato direto nem interage com a de outra.

Guhāsayam (literalmente, "que jaz numa caverna") foi traduzido aqui por "oculta". Além de significar "caverna", *guhā* pode se referir a qualquer esconderijo. O DhpA explica que a caverna alude ao coração como sede da consciência e ao corpo constituído dos quatro elementos físicos (terra, água, calor e vento).

39. Por *anavassutacittassa*, entende-se tradicionalmente a mente que não está saturada, conspurcada nem encharcada de desejo. *Ananvāhacetaso* seria o coração ou os pensamentos não afetados pelo ódio.

40. *Anivesano* ("e a nada se apegando") também poderia ser traduzido como: "sem se prender [ao que foi ganho]".

42. *Pāpa* foi aqui traduzido por "dano".

Capítulo 4. Flores (puppha)

44-45. Yama é o governante dos reinos desditosos do nascimento – inferno, fantasmas famintos, deuses-demônios invejosos e animais. Às vezes, é identificado com Māra). "Ensinamento [pertinente] do *Dharma*" traduz *dhammapada*. Ver prefácio para outras traduções possíveis dessa palavra. "Adestrando-se [a pessoa]" (*sekho*) faz referência a alguém que ainda se exercita para se tornar um *arahant*, uma pessoa plenamente desperta.

47. O DhpA compara as flores desse verso aos objetos de desejo sensual.

48. *Antako*, aqui traduzido por "morte", significa literalmente "o que põe fim" e é sinônimo tanto de morte quanto de Māra.

54. "Homem virtuoso" (*sappuriso*).

59. "Gente comum" (*puthujjane*). O "Plenamente Desperto" se refere ao Buda.

Capítulo 5. O tolo (bāla)

Bāla, originalmente, significa criança pequena que ainda não fala. Por isso, é às vezes traduzido por "pueril".

70. *Bāla* (tolo) é traduzido aqui por "asceta insensato" para maior clareza. No texto original, a grama é chamada de grama *kusa*; seu nome latino aparece no *Pāli Text Society Dictionary* como *Poa cynosuroides*. Monier-Williams esclarece que se trata de uma grama sagrada com folhas longas e pontiagudas, usadas em certas cerimônias.

71. "Coalham" traduz *muccati*. Não está claro se esse verbo deve ser lido como variante de pronúncia de *mucchati* ("engrossar", "coalhar") ou como presente passivo de *muñcati* ("liberar", "emitir"). A tradição filológica páli prefere "coalhar", enquanto a maioria dos outros textos Dharmapada opta por "liberar". No *Abhidharma-mahāvibhāṣa-śāstra*, de Sarvāstivāda, o verso traz o verbo que significa "coalhar". Aqui, acompanho a interpretação filológica páli do verbo. Se este fosse traduzido por "liberar", o verso ficaria assim: "As más ações não são como o leite fresco, que esguicha [se libera] rapidamente". Em outras palavras, as consequências kármicas das más ações não se manifestam logo.

72. *Ñattaṃ*, que aqui traduzimos por "raciocinar", alude a uma faculdade intelectual. O comentário do DhpA (ii.73) explica que o termo quer dizer compreensão, conhecimento, inteligência, sapiência ou habilidade. O comentário acrescenta que se refere à fama obtida pelo tolo com base em sua esperteza.

75. *Viveka* ("solidão") é às vezes traduzido por "reclusão" ou "desprendimento".

Capítulo 6. O sábio (pandita)

79. "Que se abebera no *Dharma*" traduz *dhammapīti*. Como *pīti* significa também "deleite", a frase poderia ser "que se deleita no *Dharma*". Talvez as duas acep-

ções tenham sido originalmente cogitadas. "Pessoas nobres" traduz *ariya*, título mais comum para as pessoas que atingiram uma ou as quatro etapas da libertação.

83. "Permanecem calmas" traduz *cajanti*. Em lugar de *cajanti*, algumas edições do *Dhammapada* páli trazem *vajanti*, "ir". Nesse caso o primeiro verso ficaria assim: "As pessoas virtuosas vão a qualquer parte".

84. "Verdade" traduz *dhamma*. Uma vez que *dhamma* tem um significado bem mais extenso que "verdade", talvez a palavra devesse ter ficado sem tradução.

87. *Dhamma*, aqui traduzido por "caminhos", poderia significar também, nesse verso, "atividades", "qualidades ou estados de ser" e "ensinamentos". "Escuros" alude a qualquer coisa canhestra, má ou tediosa.

88. "Nada possuindo" traduz *akiñcano*. O significado do termo é incerto. *Kiñcana* significa, literalmente, "algo", "uma coisa". Como alguns antigos discursos budistas (por exemplo, DN 3.217) definem *kiñcana* como "luxúria, ódio, ilusão", *akiñcano* também pode significar "incorrupto".

89. Os Passos do Despertar são atenção, investigação de *dharmas*, esforço, alegria, tranquilidade, concentração e serenidade. O cultivo pessoal desses passos era considerado importante na prática espiritual ensinada pelo Buda. "Toxinas" traduz *āsava*, palavra às vezes traduzida também por "efluentes", "intoxicantes" ou "ulcerações". Parece que, originalmente, significava tanto o suco tóxico de uma planta quanto o pus das feridas. No âmbito psicológico, tal qual aparece nos textos budistas, refere-se usualmente à ânsia de prazeres, à existência, às ideias entranhadas e à ignorância. "Tendo destruído as *āsavas*" é a descrição mais comum do *arahant*, a pessoa que se libertou completamente.

Capítulo 7. O arahant (arahanta)

90. *Gataddhino*, aqui traduzido por "[alguém] no final da jornada", refere-se à pessoa que completou a viagem ou curso da prática budista.

92-93. "A liberdade do vazio e do indetectável" é a tradução de *suññato animito ca vimokkho*. Aqui, o vazio e o indetectável são atributos do Nirvana. Ou seja, o Nirvana é vazio de individualidade, cobiça, ódio e ilusão; não tem qualidades ou sinais sobre os quais a percepção possa trabalhar.

95. *Subbato*, aqui traduzido por "que se esmerou na prática", deriva do prefixo *su*, "bom", "bem", e *vata*, "prática religiosa", "rito", "observância", "dever" ou "voto". Os comentários informam que a expressão "um pilar de Indra" se refere à coluna principal na entrada de uma cidade, enterrada a meio no solo. O pilar é, pois, uma metáfora para firmeza, mas também para imperturbabilidade, já que o pilar era indiferente tanto ao culto quanto ao desdém que porventura lhe tributassem. Aqui, traduzi *saṃsāra* (literalmente "aquilo que é passageiro") por "vaguear". *Saṃsāra* se refere ao processo de transmigração, isto é, de renascer em ciclos repetidos de nascimento e morte. Uma tradução mais literal seria: "[Para essa pessoa], o *saṃsāra* não surge/ocorre".

97. "Incriado" (*akata*) é sinônimo de Nirvana. "Rompeu os laços" (*sandicchedo*) refere-se ao vínculo entre morte e renascimento. Esse verso está cheio de trocadilhos e é às vezes tomado por um enigma. Além de possuir valor literal, tal qual traduzido aqui, talvez tenha sido composto também para admoestar, pois poderia ler-se assim:

> A pessoa sem fé nem gratidão,
> Que invade casas,
> Que não aproveita oportunidades
> E que vomita,
> É uma pessoa atrevida. [Ou então: É o último dos servos.]

Capítulo 8. Milhares (sahassa)

102. *Dhammapada* é traduzido aqui por "um verso do *Dharma*".

105. Um *gandhabba* é um músico celestial. *Brahmā* é o rei dos deuses no antigo panteão budista.

110-111. *Asamāhito*, aqui traduzido por "[mente] agitada", significa também "desatenta", "descomposta" ou "não centrada".

113. "Sem ver as coisas surgir e passar", tradução de *udayavyayaṃ*, refere-se a uma das importantes percepções que levam à sabedoria e à libertação. Segundo o antigo comentário, a frase alude ao surgimento e desaparecimento dos cinco

aspectos (*khandhas*) do ser humano aos quais este geralmente se apega como uma forma de autoidentidade. Quando sua natureza transitória é percebida, o apego se rompe. Os cinco *khandhas* são: forma, sentimentos, percepções, formações e consciência.

114. "Imortal" traduz *amatam padaṃ* (literalmente "o estado sem morte" ou "o caminho para a não morte").

Capítulo 9. Mal (pāpa)

119. No último verso, *pāpa* é traduzido por "infortúnio" e não por "mal".

124. O último verso poderia ser traduzido assim: "O mal não existe para quem não o pratica". A palavra *pāpa* ("mal") refere-se tanto à causa quanto à consequência, ou seja, tanto às más ações quanto a seus infelizes resultados kármicos.

Capítulo 10. Violência (danda)

Daṇḍa refere-se, literalmente, a um bastão ou vara que pode ser usada tanto para punir quanto para lutar. Achei que o termo significava violência em geral, embora, no verso 135, tenha-a traduzido por "cajado".

129-130. *Attānaṃ upamaṃ katvā*, aqui traduzido por "vendo os outros como se fossem tu mesmo", significa literalmente "tendo-se feito de exemplo/comparação".

142. *Niyata*, que aqui traduzi por "segura", significa usualmente a certeza que advém após se alcançar um ou os quatro estados de libertação. (Ver nota ao verso 22, p. 118.) Assim, alude também à certeza da libertação final do *saṃsāra*. "Paz" traduz *sama*, que também significa "harmonia".

143. No *Saṃyutta Nikāya* (1.18), a esse verso segue-se outro, que responde à pergunta feita:

Poucos são os que refreiam a consciência,
   Que estão constantemente atentos;
Poucos, dando cabo do sofrimento,
   Vivem em harmonia com os irrequietos.

144. *Saṃvega* ("alarmado") descreve o profundo abalo ou inquietação religiosa do coração diante da magnitude do sofrimento do mundo.

CAPÍTULO 11. VELHICE (JARĀ)

147. "Belo corpo" traduz *cittakata* ("adornado", "bem-vestido", "pintado") e *bimba* ("forma", "imagem").

148. "Corpo" (*rūpa*).

151. O significado dos dois últimos versos não é claro. Interpreto-os assim: o *Dharma* não se estraga nunca porque é renovado na vida das pessoas boas e virtuosas.

153-154. Segundo a tradição dos comentários, essas duas estrofes foram as primeiras palavras que o Buda proferiu após sua Iluminação. Os comentários explicam que "casa" se refere à individualidade, ao eu ou ao corpo. O construtor é o desejo da pessoa. As vigas são as corrupções. A cumeeira é a ignorância. Fato interessante, não há nenhuma evidência canônica de que o Buda realmente disse esses versos. Eles não aparecem no *Theragāthā*, coletânea de versos proferidos pelos discípulos iluminados do Buda. Ali, são atribuídos a um monge chamado Sivaka (*Theragāthā*, 183-184).

155. Nos discursos budistas, amealhar riqueza por meios éticos era considerado uma meta conveniente para os leigos.

CAPÍTULO 12. A PESSOA (ATTA)

157. "A qualquer hora da noite" poderia ser traduzido, mais literalmente, por "Durante uma [ou qualquer] das três vigílias noturnas".

164. O junco *kaṭṭhaka* talvez seja uma espécie de bambu.

CAPÍTULO 13. O MUNDO (LOKA)

167. "[Não te] envolvas" traduz *vaddhano*. O DhpA não explica essa palavra e os estudiosos modernos se mostram incertos quanto ao modo de traduzi-la. Parece significar algo relativo a crescimento e apego. *Lokavaddhano* tem sido traduzido de várias maneiras, como "ocupado com o mundo" (Thanissaro), "au-

mentador do mundo" (Carter), "mundano" (Norman), "sustentador do mundo" (Nārada) e "permanecer na existência mundana" (Buddharakkhita).

173. *Kusala* ("meritória") seria traduzido mais literalmente por "habilidosa".

175. "Poderes psíquicos" (*iddhi*).

176. "As leis" complementam *ekaṃ dhammaṃ*, literalmente "desta maneira". Essa mesma estrofe aparece em *Itivuttaka* 25, em que *ekaṃ dhammaṃ* se refere claramente ao princípio da honestidade.

178. "Entrada no fluxo" refere-se à conquista da primeira das quatro etapas do Despertar ou Iluminação. (Ver nota à estrofe 22, p. 125.)

Capítulo 14. O Buda (buddha)

Na antiga literatura budista, *Buddha* é um epíteto usado principalmente em alusão a Gotama Sakkamuni (em sânscrito, Gautama Shakyamuni), o Buda histórico. Ocasionalmente, essa literatura o aplica aos discípulos plenamente iluminados do Buda e a budas anteriores, que viveram há milênios. Como epíteto, a palavra pode ser traduzida por "o Desperto".

184. "Contemplativo" traduz *samaṇa* (renunciante espiritual).

190-192. Para muitos budistas, essas três estrofes se referem aos elementos principais de sua fé. O Tríplice Refúgio – Buda, *Dharma* e *Sangha* – é o foco central de inspiração e reverência. As Quatro Verdades Nobres constituem a orientação essencial ou estrutura usada para descobrir e percorrer o caminho para a libertação. O Caminho Óctuplo (a quarta Verdade Nobre) apresenta os princípios que norteiam a senda a ser percorrida, a saber, Visão Correta, Intenção Correta, Fala Correta, Ação Correta, Vida Correta, Esforço Correto, Atenção Correta e Concentração Correta.

194. *Tapas*, que vertemos como "prática ardente" neste contexto, poderia ser traduzido também apenas por "prática".

195-196. "Pensamento obsessivo" (*papañca*). Este é um termo difícil de traduzir. Alguns tradutores preferiram: "proliferação", "elaboração", "exagero", "complicações", "inquietações" e "mundo diversificado".

Capítulo 15. Felicidade (sukha)

197. Usamos "ah" para traduzir a partícula *vata*, exclamação ou expressão fortemente emocional. Aparece às vezes como "seguramente", "de fato", "ai de nós" ou "estou dizendo!".

199. *Ussuka*, aqui "ambição", é definido pelo *Pāli Text Society Dictionary* como "empenho", "impulso". Outras traduções: "ocupação", "impaciência", "esforço", "zelo". A forma negativa, *anussuka*, significa "livre de cobiça".

200. Os Deuses Irradiantes (*ābhassarā*) são uma classe de divindades (*devā*) que vivem no paraíso de Brahma. Sua existência se caracteriza pela alegria e a ternura sem limites.

202. "Agregados" (*khandha*; em sânscrito, *skandha*) refere-se às cinco categorias de fenômenos psicofísicos nos quais se baseia o senso do eu: forma, sentimento, percepções, formações mentais e consciência.

203. *Saṅkhāras* são as coisas compostas, fabricadas ou, mais especificamente, o mundo mental das disposições, intenções, lembranças e pensamentos. Costuma-se traduzir a palavra por "formações". Nos versos 277 e 278, eu a traduzi por "coisas criadas" e, no verso 368, por "formações".

Capítulo 16. Coisa valiosa (piya)

Piya é uma palavra difícil de traduzir e por isso a traduzi de maneiras diferentes conforme as estrofes. Como adjetivo, é usada para descrever alguma coisa ou alguém querido, caro, apreciado, agradável ou encantador. A raiz verbal *pr*, de que deriva, significa "valorizar", "gostar", "amar". Na estrofe 157, verti *piya* para "precioso".

209. A palavra *yoga* aparece cinco vezes nessa estrofe, sob uma ou outra forma. *Yoga* tem um amplo espectro de significados, mas aqui pode ser "dedicação", "empenho", "aplicação", "prática espiritual" ou "tarefa". Preferi a acepção de "prática" por me parecer que se referia à prática espiritual do Buda. "Objetivo" traduz *atthaṃ*, termo que também quer dizer "propósito", "alvo", "significado", "ganho", "prosperidade", "benefício".

210. "Aquilo que desejas" (*piya*); "ou desdenhas" (*apiya*).

218. "Indescritível" traduz *anakkhāte* e é sinônimo de Nirvana. Os comentários explicam que quem renascerá "na nascente" é aquele que atingiu a terceira etapa do Despertar, a do não retorno (ver nota à estrofe 22). Ele renascerá "na nascente" da vida e da morte numa das esferas superiores e, dali, alcançará a fase final do Despertar.

Capítulo 17. Cólera (kodha)

221. "Não tem nada" (*akiñcana*; ver nota à estrofe 88). *Nāmarūpa*, aqui traduzido por "corpo e mente", aparece quase sempre como "nome e forma" e se refere àquilo que experimentamos como nosso eu psicofísico.

225. "Estado imóvel" (*accutaṃ ṭhānaṃ*) refere-se, na tradição Theravada, ao Nirvana. Outras opções de tradução incluem "casa inabalável" e "estado imutável".

226. Toxinas (*āsavā*). Ver nota à estrofe 89.

227. Os comentários informam que Atula foi um adepto leigo do Buda. Segundo a tradição, o Buda disse essas palavras a Atula depois que ele criticou alguns discursos proferidos por alguns dos discípulos antigos do Mestre.

230. *Brahmā* é o deus que governa as esferas celestiais, acima das esferas dominadas pelos prazeres dos sentidos.

Capítulo 18. Corrupção (mala)

235. Yama é o deus do mundo subterrâneo. (Ver nota às estrofes 44-45, p. 126). "Portas da morte" (*uyyogamukhe*; literalmente, "porta da partida").

238. *Dīpa*, aqui traduzido por "ilha", significa igualmente "lâmpada", termo que também poderia ter sido usado. Preferi "ilha" porque parece se adequar à imagem das enchentes empregada em outras passagens do *Dhammapada* (por exemplo, estrofes 25 e 47). É assim que os comentários interpretam o termo.

240. "Estados de aflição" traduz *duggatiṃ* ("mau destino" ou "mau rumo") e alude ao renascimento nos planos inferiores da existência, ou seja, os dos animais, fantasmas famintos e inferno. A estrofe, mais literalmente, ficaria assim:

> Como a ferrugem brota do ferro
> E depois corrói aquilo de onde proveio,
> Assim as ações dos transgressores
> Os conduzem a um mau destino.

242. *Itthiyā*, aqui traduzido por "pessoa", significa literalmente "uma mulher". "Traços maus" é a tradução de *pāpakā dhammā*.

246. "Vai para outra esposa" traduz *paradāraṃ ca gacchati* (mais literalmente, "vai com outra esposa"). É possível que *dāraṃ* se refira aqui a qualquer mulher sob a proteção de um homem (por exemplo, uma filha que mora com o pai).

249. "Invejoso" traduz *manku*, usualmente interpretado como "inquieto", "confuso", "descontente". A estrofe parece tratar dos monges que só comem aquilo que os leigos lhes dão diariamente. Perturbar-se comparando as esmolas recebidas com as que foram dadas a outros monges era talvez um problema sério na antiga comunidade monástica budista. *Samādhi* é um estado de intensa concentração, muitas vezes associado à meditação.

254. *Padaṃ*, aqui traduzido por "caminhos", poderia sê-lo também por "pegadas". "Contemplativos" traduz *samaṇo* e em outras versões aparece como "renunciantes". "Pensamentos obsessivos" traduz *papañcā* (ver nota às estrofes 195-196).

255. "Coisas criadas" traduz *saṅkhārā* (ver nota à estrofe 203).

Capítulo 19. O justo (Dhammattha)

A palavra páli *dhammaṭṭha* poderia ser traduzida também por "consolidado no *Dharma*", "firme no *Dharma*" ou simplesmente "honesto".

256. *Sahasā*, que aqui traduzimos por "apressadamente", pode significar também "levianamente".

262-263. "Um bom caráter" (*sādhurūpa*).

266-267. "Maneiras domésticas": *vissaṃ dhammaṃ*. Não se sabe bem o que entender por *vissaṃ*; as traduções variam consideravelmente. Seguimos as sugestões de John Ross Carter e K. R. Norman, que derivam a palavra de *visma*, "casa" ou "doméstico". O comentário ao *Dhammapada* (3.393) esclarece que significa *visama* ("desigual", "contrário", "errado") ou *vissagandha* ("com cheiro de carne crua" e assim, possivelmente, "violação").

Bhikkhu (termo aplicado ao monge budista) é aqui traduzido por "mendicante" para enfatizar a relação entre *bhikkhu* e a raiz verbal da qual deriva, *bhikṣ*, que forma *bhikkhati*, "mendigar".

268-269. As palavras "silêncio" (*monema*) e "medir" (*munāti*) jogam com "sábio", *muni* (literalmente ,"o silencioso"). Nos tempos antigos, um *muni* era alguém que fazia voto de silêncio como forma de prática religiosa.

271-272. "Gente comum" (*puthujjana*). "Virtude ou prática religiosa" (*sīlabbata*).

Capítulo 20. O caminho (magga)

273-275. "Deuses e humanos" traduz *dipadānaṃ* (seres bípedes). Uma tradução mais literal do último verso seria: "Tenho conhecido (ou experimentado) a remoção das flechas".

276. *Tathāgata* é um dos epítetos do Buda. Não se sabe bem o que a palavra significa literalmente; é provável que as acepções fossem múltiplas. Buddhaghosa, talvez o mais importante comentador antigo da tradição Theravada, dá oito derivações do termo. Nos tempos modernos, explica-se que *tathāgata* é um vocábulo composto de *tathā* ("assim") e *gata* ("ido") ou *āgata* ("vindo"). Uma vez que o termo pode ser entendido das duas maneiras, significa tanto "o que assim foi" quanto "o que assim veio". Em *Itivuttaka* 112, o Buda aventa várias outras explicações do título baseado na palavra *tatha*.

277-279. Os três versos iniciais dessas três estrofes são conhecidos como "as três características" (*tilakkhana*), frequentemente entendidas como as percepções-chave da "meditação perceptiva" (*vipassanā*). As duas primeiras características referem-se às coisas criadas (*saṅkhārā*); a terceira, a todas as coisas (*dhammā*), criadas ou não criadas. "O Incriado", às vezes traduzido por "O Incondicionado", é um sinônimo de Nirvana. A terceira característica estabelece que nem o Nirvana nem as coisas incriadas podem se identificar com o eu. Como não se pode dizer que o Nirvana é passageiro ou tem características que lembram o sofrimento, as duas primeiras características são mencionadas apenas como "coisas criadas".

"Desiludida": *nibbida.*

280. "Caminho da percepção" traduz *paññāya maggaṃ*; *paññā* também aparece, em várias versões, como "sabedoria".

282. "Sabedoria" (*bhūri*). "Da prática [espiritual]" (*yogā*).

283. Essa estrofe parece conter alguns jogos de palavras e é, por isso, difícil de traduzir. Joga, por exemplo, com as duas acepções de *vana*, "floresta" e "desejo". Os comentários contam que, quando o Buda mandou seus discípulos cortarem a *vana*, eles se puseram a abater a floresta. Ele então teve de explicar-lhes que mandara cortar "a floresta do desejo, não a floresta das árvores". Segundo uma tradição, a floresta se refere às grandes corrupções que têm consequência para a vida futura dos homens, enquanto a mata rasteira alude às corrupções que têm consequência para sua vida atual. A estrofe também parece jogar com *nibbanā* ("desmatado") e *nibbāna* (Nirvana).

285. "Cultiva" (*brūhaya*). O Que-Bem-Foi *(Sugata)* é um dos epítetos do Buda.

288. "Morte" (*antekena*; literalmente, "o que põe fim").

Capítulo 21. Miscelânea (pakiṇṇaka)

290. Não se sabe bem como traduzir *mattā* (aqui, "menor"). Mais literalmente, parece significar "comedido" ou "moderado". K. R. Norman acha que o sentido original era "coisas materiais" e emprega essa expressão (Norman, 1997, p. 43, nota 290).

294-295. O impacto da acepção literal dessas estrofes dá mais força à possível mensagem metafórica que elas encerram. O DhpA explica que "mãe" se refere ao desejo, "pai" à vaidade, os dois reis guerreiros às posturas metafísicas do eternalismo e do aniquilacionismo, o reino às doze esferas dos sentidos (*āyatana*) e os súditos do reino à ânsia de prazeres dependentes das doze esferas. "Um tigre" traduz *veyyagghapañcamam*, literalmente, "com um tigre em quinto [lugar]" ou "aquilo de que o quinto elemento pertence aos tigres". Para o DhpA, isso se refere aos cinco obstáculos (desejo sensual, malevolência, preguiça e torpor, inquietação e ansiedade, e dúvida) ou apenas ao quinto obstáculo, dúvida. Para uma definição de *brahmin*, ver nota ao título do capítulo 26 na página 141.

298. *Sangha* (assembleia) refere-se à comunidade monástica e às pessoas que atingiram uma das quatro etapas da libertação.

301. *Bhāvanā*, que aqui traduzimos por "prática [espiritual]", significa literalmente "cultivo" ou "desenvolvimento", sendo palavra comum para designar a adoção das práticas ensinadas pelo Buda, sobretudo a meditação.

302. O comentário tradicional explica que "um viajante" é alguém que vagueia pelo *samsāra*.

Capítulo 22. Inferno (niraya)

307. *Kāsāvakaṇṭhā*, que traduzimos por "que envergam o manto cor de açafrão", significa literalmente "pescoços amarelos", ou seja, aqueles que usam o manto amarelo dos budistas em volta do pescoço ou trazem o pescoço amarelado por causa da tinta do manto.

308. "Esmolas do povo" traduz *raṭṭapiṇḍaṃ* (literalmente, "esmolas do reino").

309-310. Tomei a liberdade de traduzir *para dārā* por "a esposa de outro". *Dārā* muitas vezes significa "esposas", mas também qualquer mulher sob a proteção de um homem.

312. "Muitos frutos" (*mahapphalaṃ*, literalmente "fruto grande").

313. "Poeira" (*rajaṃ*) refere-se, figurativamente, a cobiça, ódio e desilusão.

316. "Mau renascimento" traduz *duggatiṃ*, que mais literalmente significa "mau destino" ou "má existência".

Capítulo 23. O elefante (nāga)

322-323. "Ínvio local [aonde o homem autodomado] vai" traduz *gaccheyya agataṃ disaṃ*. *Agataṃ disaṃ* significa usualmente *nibbāna* (Nirvana). Traduzir *agataṃ* por "ínvio local" fornece a dupla acepção de um lugar ainda não alcançado e um lugar não alcançável por meio de ideias convencionais de avanço ou progresso.

324. Os comentários explicam que Dhanapālaka ("Guardião da Riqueza") era um elefante mantido em luxuoso cativeiro pelo rei de Kasi, mas ávido por regressar à floresta a fim de cuidar de sua mãe.

325. A expressão páli para "nasce repetidas vezes" diz literalmente "entra num ventre repetidas vezes".

326. "Treinador [de elefante]" (*aṇukusaggaho*; literalmente, "aquele que segura o aguilhão de condutor de elefantes").

329. O DhpA explica que Matanga era um elefante que, cansado da convivência difícil com a manada, retirou-se para uma vida solitária na floresta.

Capítulo 24. Desejo (taṇhā)

334. "[Espalha-se como] as rijas cepas da vinha", literalmente "uma vinha *māluvā*", que segundo parece sufoca a árvore onde se agarra. O símile alude, pois, a algo que se espalha rapidamente e, ao mesmo tempo, mata seu suporte. "[Vive] saltando para a frente" traduz *hurāhuraṃ*. *Hurā* parece significar "lá" ou "além". *Hurāhuraṃ* talvez pudesse ser traduzido, mais literalmente, por "sempre para a frente". Às vezes, entende-se a expressão por "de existência em existência" ou "de vida em vida".

335. Literalmente, "Como a relva [*bīraṇa*] após a chuva". O *Pāli Text Society Dictionary* explica que *bīrana* é uma grama fragrante cujo nome latino é *Andropogon muricatum*. Deve tratar-se de uma grama alta, que cresce rápido.

339. Os comentários informam que os "trinta e seis fluxos" se referem às três formas de desejo em relação às seis esferas internas e às seis externas dos sentidos

(*āyatana*; ver nota às estrofes 1-2, p. 123). No "Discurso sobre o Giro da Roda do *Dharma*", considerado o primeiro sermão do Buda, as três formas de desejo são: ânsia de prazeres sensuais, ânsia de vir a ser ou existir e ânsia de não vir a ser e não existir.

344. Segundo uma interpretação tradicional, "mata rasteira" e "floresta" são sinônimos de desejo.

345-347. "Parte[m]" refere-se ao abandono da vida doméstica pela existência de renunciante.

348. Literalmente, "Esquece o que está à frente, esquece o que está atrás, esquece o que está no meio". Segundo o DhpA, "à frente" refere-se ao passado, "atrás" ao futuro e "no meio" ao presente.

350. "Atentas para o que não é agradável" traduz *asubhaṃ bhāvayati*, que se refere a uma prática budista tradicional de concentrar-se em partes desagradáveis do corpo para reduzir o apego a ele.

351-352. "Último corpo": a ideia de que, como não haverá renascimento para as pessoas plenamente libertas, seu atual corpo físico é o último que terão.

353. Essa estrofe cita o Buda falando a respeito de si mesmo. Para o contexto da citação, ver *Majjhima Nikāya*, 1.171, e *Vinaya*, 1.8.

Capítulo 25. O *bhikkhu* (bhikkhu)

O termo *bhikkhu*, que aparece na maioria das versões como "monge", poderia ser traduzido de modo mais literal por "mendicante", como fiz na estrofe 365. Algumas vezes também usei "monge", que pode referir-se a cenobitas de todos os tipos. Os antigos comentários Theravada estabelecem que todas as pessoas empenhadas na prática da meditação budista, homens ou mulheres, podem ser chamadas de *bhikkhu*.

360-361. *Sādhu*, aqui traduzido por "bom", significa também "excelente", "virtuoso", "proveitoso", "meritório".

363. "E ilumina o ensinamento e a meta" traduz *attham̩ dhammam̩ ca dīpeti.* Tanto *attham̩* ("meta", "significado", "propósito", "mensagem") quanto *dhammam̩* têm inúmeras acepções e talvez nenhuma escolha em nossa língua lhes faça plena justiça.

365. "Mendicante" (*bhikkhu*).

367. "Corpo e mente" (*nāma-rūpa*). Ver nota à estrofe 221.

370. A explicação das três referências a "cinco", dadas entre colchetes, foi tirada do DhpA. Os laços inferiores são (1) visões referentes ao eu ou àquilo que pertence ao eu, (2) dúvida, (3) apego a preceitos e práticas, (4) paixão sensual e (5) malevolência. Os laços superiores são (1) apego aos fenômenos da forma, (2) apego aos fenômenos sem forma, (3) vaidade, (4) inquietude e (5) ignorância. As cinco faculdades são: fé, esforço, atenção, concentração e sabedoria (ou tirocínio).

372. "Percepção" (*paññā*). "Absorção na meditação" (*jhānam̩*).

373. O comentário DhpA explica que "casa vazia" se refere a qualquer lugar solitário.

374. *Khandhā*: os agregados (ver nota à estrofe 202). "O Imortal" (ver nota à estrofe 21).

378. "Os atrativos do mundo" traduz *lokāmiso*, palavra composta de *loka* ("mundo") e *āmiso*, que originalmente significa "carne crua". Com o tempo, ganhou a acepção de "carnal", "mundano" e "alimento". *Lokāmiso* poderia ser traduzido também por "mundo físico/material", "ganhos mundanos" ou "objeto de apetites mundanos".

Capítulo 26. O *brahmin* (brāhmaṇa)

Os *brahmins* eram os membros da classe sacerdotal hereditária. No presente capítulo, porém, a palavra *brāhmaṇa* foi redefinida para se aplicar não aos nascidos nessa classe, mas às pessoas de boa conduta e maturidade espiritual.

384. "Tranquilidade e percepção" é uma tradução explicativa de *dvayesu dhammesu* (literalmente, "com dois *dharmas* [práticas]"). Traduzi essa expressão de acordo com a explicação a ela dada pelo DhpA.

385. "Não além" (*apāra*) é este mundo em oposição ao mundo do além (*pāra*; literalmente, "a outra [margem]").

388. Os dois últimos versos contêm um jogo de palavras entre *pabbājeti* ("expulsar", "mandar embora", "banir") e *pabbajati* ("partir para a vida de renunciante"). Talvez haja um jogo de palavras adicional entre *samacariyā* ("[quem] vive pacificamente") e *samaṇo* ("renunciante").

389. O acréscimo de "ira" baseia-se na explicação dos comentários a essa estrofe.

392. O "Plenamente Autodesperto" é um epíteto comum do Buda. Ele "autodespertou" porque encontrou sozinho o caminho para a libertação, sem ajuda de mestre algum. Era "plenamente autodesperto" porque sua libertação foi completa.

396. Essa estrofe desmente a ideia tradicional de que só é *brahmin* quem nasce numa família *brahmin*. "A esse chamo 'vaidoso'" traduz *bhovādi nāma so hoti*, frase que poderia ser traduzida mais literalmente por "ele tem o nome '*bhovādi*'". Um *bhovādi* é, ao pé da letra, "alguém que diz *bho*" (interjeição chamativa usada para se dirigir a uma pessoa de condição igual ou inferior). Quem a emprega costuma frequentemente se dar ares superiores e é considerado, portanto, vaidoso. Cf. *Sutta Nipāta*, 620.

397. Propôs-se que a expressão *na paritassati*, aqui "que não treme", seria mais bem traduzida por "que não sente desejo algum". As traduções chinesas dessa passagem apoiam tal sugestão (Dhammajoti, p. 272).

398. Segundo o DhpA, as correias referem-se ao ódio, a trela ao desejo, a corda às sessenta e duas posturas errôneas (ver *Brahmajala Sutta*, DN 1), as rédeas às tendências latentes e a trave à ignorância.

400. Ver nota às estrofes 351-352 para uma definição de "último corpo".

404. Em lugar de "quem não está envolvido com", poderíamos ter usado "quem não está associado a". "Renunciantes": literalmente "sem-teto" (*anāgārehi*).

405. *Tasesu thāvaresu*, que aqui traduzimos por "tímidos ou agressivos", daria, mais literalmente, "amedrontados e firmes", "agitados e impassíveis", "perturbados e serenos".

406. "Quem não se opõe entre os que se opõem" traduz *aviruddhaṃ viruddhesu.*

411. "Firmando-se no Imortal" traduz *amatogadhaṃ anuppattaṃ.* Discute-se se *ogadhaṃ* tem relação com *ogathati*, "mergulhar em", ou com *ogadhati*, "firmar-se", "estabelecer-se". Os comentários optam pela primeira sugestão, mas a tradição páli parece adotar a segunda. Ver Bhikkhu Bodhi, *The Connected Discourses of the Buddha* (Boston: Wisdom Publications, 2000), pp. 1093-1094, nota 243.

413. "E extinguiu em si o deleite pela existência" é uma tentativa de traduzir a palavra composta *nandībhavaparikkhīṇaṃ.* Ignoro como se deve interpretar essa frase. Talvez signifique "aquele em que o deleite e o processo do devir foram eliminados", "cuja existência, baseada no deleite, terminou" ou "cujo deleite pelo vir a ser não mais existe". *Bhava*, a palavra do meio do composto, é às vezes traduzida por "devir", outras por "existência" ou "vida". Refere-se ao funcionamento ativo da vida que engendra uma nova existência ou um novo ser.

414. *Nibbuta*, aqui traduzido por "livre", aparece em outras versões como "pacificado", "que alcançou o Nibbāna", "que se desvaneceu" e "contente". Optei por "livre" com base na discussão de Thanissaro Bhikkhu sobre *nibbāna* em sua obra *Mind Like Fire Unbound* (Barre, Mass.: Dhamma Dana Publications, 1993).

415. "E extinguiu em si a paixão pela existência" (*kāma bhavaparikkhīṇaṃ*).

416. "E extinguiu em si o desejo pela existência" traduz *taṅhābhavaparikkhīṇaṃ.* Não sei bem como traduzir esse composto. Outras traduções possíveis seriam "cuja existência, baseada no desejo, se extinguiu" e "cujo desejo de vir a ser se extinguiu".

418. "Sem apegos" (*nirūpadhi*). *Upadhi* pode significar tanto "apego" quanto "substrato" ou "ponto de partida" (para o renascimento).

419. "Desimpedido" (*sugataṃ*) é alguém que se libertou.

420. *Gandhabbas* são músicos celestes. "Toxinas": ver nota à estrofe 89, p. 128.

421. "Na frente, atrás e no meio" traduz *pure ca pacchā ca majjhe*. A expressão tem sido traduzida também por "passado, futuro e presente". "Não tem nada" (*akiñcanam*); a palavra *kiñcanam*, que significa "nada", às vezes se refere às corrupções. *Akiñcanam* poderia, pois, significar "sem corrupções".

Bibliografia

Brough, John. *The Gāndhārī Dharmapada: Edited with an Introduction and Commentary*. London Oriental Series, vol. 7. London and New York: Oxford University Press, 1962.

Buddharakkhita, Thera Acharya. *The Dhammapada: The Buddha's Path of Wisdom*. (Com introdução de Bhikkhu Bodhi.) Kandy, Sri Lanka: Buddhist Publication Society, 1985. Essa tradução está disponível *on-line* em www.accesstoinsight.org/canon/sutta/khuddaka/dhp/index.html.

Carter, John Ross e Paliwadana, Mahinda. *The Dhammapada (A New English Translation with the Pali Text and the First English Translation of the Commentary's Explanations of the Verses with Notes Translated from Sinhala Sources and Critical Textual Comments)*. Oxford and New York: Oxford University Press, 1987.

______. *The Dhammapada: The Sayings of the Buddha. Translated with an Introduction and Notes*. Oxford and New York: Oxford University Press, 2000. Contém a mesma tradução do *Dhammapada* da referência anterior. Não vem com a tradução dos comentários tradicionais, mas apresenta uma ótima introdução ausente da outra obra.

Dhammajoti, Bhikkhu Kuala Lumpur. *The Chinese Version of Dharmapada. Translated with Introduction and Annotations*. Colombo, Sri Lanka: University of Kelaniya, The Postgraduate Institute of Pali and Buddhist Studies, 1995.

Müller, F. Max. *The Dhammapada: A Collection of Verses, Being One of the Canonical Books of the Buddhists*. Sacred Books of the East, vol. 10, parte I. Oxford: Oxford University Press, 1924.

Nārada, Thera. *The Dhammapada: Pāli Text and Translation with Stories in Brief and Notes*. Calcutta: Maha Bodhi Society of India, 1978.

Norman, K. R. *The Word of the Doctrine (Dhammapada). Translated with an Introduction and Notes*. Pali Text Society Translation Series 46. Oxford: The Pali Text Society, 1997.

Thanissaro Bhikkhu (Geoffry DeGraff). *Dhammapada: A Translation*. Barre, Mass.: Dhamma Dana Publications, 1998. Tradução disponível *on-line* em:

www.accesstoinsight.org/canon/sutta/khuddaka/dhp1/index.html.

Apêndice

Referências cruzadas a estrofes paralelas em outros textos budistas

Este apêndice fornece referências para as estrofes do *Dhammapada* presentes em outras partes do cânone páli. As referências precedidas pela abreviatura *cf.* ("confira") indicam passagens dignas de nota por serem suficientemente parecidas às estrofes páli. A concordância não deve ser considerada completa.

Nomes em itálico referem-se a outros declamadores dos versos que não o Buda:

Abreviaturas usadas:

AN	*Anguttara Nikāya*
DN	*Dīgha Nikāya*
Dhp	*Dhammapada*
It.	*Itivuttaka*
Jāt.	*Jātaka*
MN	*Majjhima Nikāya*
SN	*Saṃyutta Nikāya*
Sn.	*Sutta Nipāta*
Thag.	*Theragāthā*

Thig.	*Therīgāthā*
Vin.	*Vinaya Pitaka*
Ud.	*Udāna*

2. Cf. Thag. 1041-43 (*Ven. Ānanda*).
3-5. Jāt. 3.488
3-6. Vin 1,349; Jāt. 3.212.
3, 5-6. MN. 3.154.
6. Thag. 275 (*Ven. Sabhiya*); Thag. 498 (*Ven. Kaccāna*).
9-10. Thag. 969, 970 (*Ven. Phussa*); Jāt. 2.198, 5.50.
13-14. Thag. 133-134 (*Ven. Rādha*).
21. Jāt. 5.99.
23. Cf. SN 2.232.
26. SN 1.25 (*um deva*).
26-27. MN 2.105 (*Ven. Angulimāla*); Thag. 883-884 (*Ven. Angulimāla*).
28. DN 2.39 (*Brahmā*).
32. AN 2.40; It. 45.
42. Ud. 4.3.
47. Cf. Dhp 287.
49. Jāt. 1.349.
51-52. Thag. 323-324 (*Ven. Subhūta*).
54. AN 1.226.
66-68. SN 1.57 (*deva Khema*).
69. Cf. SN 1.85.
76-77. Thag. 993-994 (*Ven. Sāriputta*).
80. MN 2.105 (*Ven. Angulimāla*); Thag. 877 (*Ven. Angulimāla*). Cf. Dhp 145.
81. Vin. 1.185; Thag. 643 (*Sona Kolivisa*).
85-89. SN 5.24; AN 5.232-33, 253-54.
87. Cf. Sn. 526.
93. Thag. 92 (*Ven. Vijaya*).

94. Thag. 205 (*Ven. Brahmāli*); cf. Thag. 206.

98. SN 1.233; Thag. 991 (*Ven. Sāriputta*).

99. Thag. 992 (*Ven. Sāriputta*).

109. Cf. Sn. 325.

119-120. Jāt. 1.231.

125. SN 1.13, 1.164; Sn. 662; Jāt. 3.203.

129. Cf. Sn. 705.

131-132. Ud. 2.3.

141. Cf. Sn. 249.

142. Cf. Sn. 35.

143. SN 1.7 (*um deva*).

145. Thag. 19 (*Ven. Kula*); cf. Dhp 80.

146. MN 2.64 (*Ven. Ratthapāla*); Thag. 769 (*Ven. Ratthapāla*); Thag. 1020 (*Ven. Ānanda*).

148. Cf. SN 1.97.

151. SN 1.71; Jāt. 5.483.

152. Thag. 1025 (*Ven. Ānanda*).

153-154. Thag. 183-84 (*Ven. Sivaka*).

163. Cf. Ud. 5.8.

170. Cf. SN 3.140 e Sn. 1119.

172. MN 2.104 (*Ven. Angulimāla*); Thag. 871 (*Ven. Angulimāla*).

173. MN 2.104 (*Ven. Angulimāla*); Thag. 872 (*Ven. Angulimāla*).

176. It. 25; cf. MN 1.415.

180. SN 1.107.

183-185. DN 2.49-50 (*o Buda Vipassī*).

185. Ud. 4.6.

186. Thig. 487 (*Ven. Sumedhā*).

186-187. Jāt. 2.313.

188-192. Jāt. 1.97.

191. SN 2.185; It. 24; Thig. 186 (*Ven. Cāla*), 193 (*Ven. Upacāla*), 310 (*Ven. Cāpa*); Thag. 321; Thag. 1259 (*Ven. Vangīsa*).

198. Cf. Thag. 276 (*Ven. Sabhiya*).

200. SN 1.114; Jāt. 6.55; cf. Jāt. 6.54.

201. SN 1.83.

204. MN 1.508-10.

205. Sn. 257.

210. Cf. Vin. 1.10.

218. Cf. Thig. 12 (*Ven. Dhammadinnā*).

221. SN 1.23; cf. SN 1.25.

223. Jāt. 2.4.

230. AN 2.8.

238. Cf. Thag. 412.

239. Sn. 962.

241-243. AN 4.195.

246-247. Cf. AN 3.205.

252. Cf. Jāt. 3.223.

266-267. SN 1.182.

273. Cf. MN 1.508.

277-279. Thag. 676-78 (*Ven. Añña-Kondañña*).

292-293. Thag. 635-36 (*Ven. Sona Kolivisa*).

305. Cf. Sn. 709.

306. Sn. 661; Ud. 4.8.

306-308. It. 48.

311-314. SN 1.49 (*deva Tāyana*); SN 1.49 (Buda citando *deva Tāyana*).

312. Thag. 277 (*Sabhiya*).

315. Thag. 1005 (*Ven. Sāriputta*); Thig. 5 (*Ven. Tissa*); cf. Thag. 653 e 403 (*Ven. Malunkyāputta*); cf. Sn. 333.

320. Cf. Ud. 4.7.

325. Thag. 17, 101.

326. Thag. 77 (*Ven. Hatthārohaputta*), 1130 (*Ven. Tālaputta*).

328-329. Sn. 45, 46.

328-330. MN 3.154; Vin. 1.350.

330. Cf. Vin. 1.353.

334-337. Thag. 399-402 (*Mālunkyāputta*).

339-340. Cf. Thag. 760, 761.

340. Sn. 1034.

345. Cf. Thag. 187 ("um espírito compassivo"); cf. Sn. 38.

345-346. SN 1.77; Jāt. 2.140.

353. MN 1.171; Vin. 1.8. Cf. Sn. 211 e SN 2.284.

361. SN 1.73.

362. Thag. 981.

363. Cf. Sn. 850 e Thag. 2 (*Kotthitia, o Grande*); Jāt. 2.350.

364. It. 86; Thag. 1032 (*Ven. Ānanda*).

367. Sn. 950; cf. Sn. 861.

368. Cf. Thag. 11 (*Ven. Gavaccha, o Pequeno*) e 521 (*Ven. Bhūta*).

370. SN 1.3; Thag. 15 (*Ven. Kunda-Dhāna*) e 633 (*Ven. Sona Kolivisa*).

374. Cf. Thag. 23 (*Ven. Gosāla*).

379. Cf. Thag. 637 (*Ven. Sona Kolivisa*).

381. Thag. 11 (*Ven. Gavaccha, o Pequeno*).

382. MN 2.104 (*Ven. Angulimāla*); Thag. 873 (*Ven. Angulimāla*); cf. Thag. 203.

383. SN 1.49 (*deva Tāyana*).

387. SN 2.284; cf. SN 1.15.

388. Cf. Ud. 1.4.

394. Jāt. 1.481.

396-423. Sn. 620-47.

398. Cf. SN 1.16 e 1.63.

406. SN 1.236 (*o deus Sakka*); Sn. 630.

414.Cf. AN 4.290.

421. Cf. Thag. 537 (*Ven. Ekavihāriya*).

423. Cf. MN 2.144; SN 1.167; AN 1.165; It. 99.

As estrofes do *Dhammapada* com paralelos na literatura indiana não budista aparecem nas seguintes fontes:

Davids, Caroline A. F. Rhys. *Dhammapada: Verses on Dhamma and Khuddaka-patha*, em *The Minor Anthologies of the Pali Canon*, parte I. Oxford: The Pāli Text Society, 1931.

Rau, Walter. "Berkmerkungen und nicht-buddhistische Sanskrit-Parallelen zum Pāli-Dhammapada", em *Jñānnamuktāvali. Commemoration Volume in Honour of Johannes Nobel, on the Occasion of His 70th Birthday Offered by Pupils and Colleagues*. New Delhi: International Academy of Indian Culture, 1959, pp. 159-75.

Bollée, Willem B. *Reverse Index of Dhammapada, Suttanipāta, Thera- and Therīgāthā Pādas with Parallels from the Āyāranga, Sūyagada, Uttarajjhāyā, Dasaveyāliya and Isibhāsiyāim*. Studien zur Indologie und Iranistik 8. Reinbek: Inge Wezler, 1983.

Hinüber, Oskar von e K. R. Norman, orgs. *Dhammapada*. Oxford: Pāli Text Society, 1994.